生活·讀書·新知 三联书店

子安宣邦作品集

汉字论

不可回避的他者

[日]子安宣邦 著
顾春 译

KANJI RON: FUKAHI NO TASHA by Nobukuni Koyasu
© 2003 by Nobukuni Koyasu
Originally published in 2003 by Iwanami Shoten, Publishers, Tokyo.
This simplified Chinese edition published 2021 by SDX Joint Publishing Co., Ltd., Beijing
By arrangement with Iwanami Shoten, Publishers, Tokyo

Simplified Chinese Copyright © 2021 by SDX Joint Publishing Company.
All Rights Reserved.
本作品简体中文版权由生活·读书·新知三联书店所有。
未经许可，不得翻印。

图书在版编目（CIP）数据

汉字论：不可回避的他者／（日）子安宣邦著；
顾春译.—北京：生活·读书·新知三联书店，2021.10
（子安宣邦作品集）
ISBN 978-7-108-07094-4

Ⅰ.①汉… Ⅱ.①子…②顾… Ⅲ.①日语－汉字－研究
Ⅳ.① H362

中国版本图书馆 CIP 数据核字（2021）第 019050 号

责任编辑	李静韬
装帧设计	康　健
责任校对	曹秋月
责任印制	徐　方
出版发行	生活·讀書·新知 三联书店 （北京市东城区美术馆东街 22 号 100010）
网　　址	www.sdxjpc.com
图　　字	01-2018-0329
经　　销	新华书店
印　　刷	河北鹏润印刷有限公司
版　　次	2021 年 10 月北京第 1 版 2021 年 10 月北京第 1 次印刷
开　　本	880 毫米×1230 毫米　1/32　印张 6
字　　数	138 千字
印　　数	0,001-5,000 册
定　　价	59.00 元

（印装查询：01064002715；邮购查询：01084010542）

目 录

中文版序　汉字作为"不可回避的他者" ······· 1

第一章　何为"汉语" ······· 1
一　"汉语"概念的成立 ······· 2
二　国语的侵入者 ······· 5
三　国语与国籍的隐喻 ······· 7
四　"汉语"输入论 ······· 9
五　日语之不幸 ······· 13
六　汉字不适合论 ······· 17
七　汉字衣裳论 ······· 19
八　假设游戏与预言游戏 ······· 21
九　汉字书面语言的成立 ······· 23

第二章　《古事记》
——一个汉字书写的文本 ······· 27
一　《古事记》可读否？ ······· 27
二　理解文本的两条曲线 ······· 32

三　汉字文本的存在 ･･････････････････････････････ 35
四　《古事记》文本的神圣性 ･･････････････････････ 37
五　汉字文本的透明化 ･･････････････････････････ 41
六　创造"古语之貌" ･･････････････････････････ 44
七　此乃"新训《古事记》" ･･････････････････････ 46
八　"变体汉文"文本 ･･････････････････････････ 49
九　"汉文训读体"：作为语言的事后性 ･･････････････ 51
十　日语书面语（和文）的形成 ････････････････････ 54

第三章　对他者的吸收及自我内部的融会
——汉文训读的意识形态 ･･････････････････････ 57
一　何为"训读"？ ････････････････････････････ 57
二　训读实乃一种翻译 ･･････････････････････････ 61
三　汉文训读的意识形态 ････････････････････････ 63
四　古学的逆说 ･･････････････････････････････ 65
五　以外部创造内部的能力 ･･････････････････････ 68
六　诚与"まこと"（真事、真言） ･･････････････････ 70
七　武内义雄与"诚的言说" ･･････････････････････ 73
八　儒教的日本化（一） ････････････････････････ 76
九　儒教的日本化（二） ････････････････････････ 80

第四章　作为译词的现代汉语
——"伦理"概念的确立及其演变 ･･････････････････ 85
一　"伦理学"概念的提出 ･･････････････････････ 86

二 青年明治哲学学者的课题 …………………………………… 89
三 "伦理学问题"的出现 ………………………………………… 91
四 "伦理学"的话语结构 ………………………………………… 93
五 "日本道德论"的提倡 ………………………………………… 96
六 "伦理学"与"国民道德论" ………………………………… 98
七 "伦理"概念的儒教再建 …………………………………… 101
八 对"伦理"概念的再次发问 ………………………………… 104
九 "伦理（ethic）"概念在解释学上的重构 ………………… 107

第五章 汉字与"国语的事实"
　　——时枝诚记"语言过程说"的成立 …………………… 114
一 新归朝者的感想 ……………………………………………… 114
二 国语的事实 …………………………………………………… 116
三 新国语学的抱负与挫折 ……………………………………… 119
四 "语言过程说"的成立 ……………………………………… 122
五 索绪尔与否定性的语言像 …………………………………… 124
六 从"结构"到"过程"的转变 ……………………………… 127
七 主体——语言的存在条件 …………………………………… 130
八 新国语学的成立 ……………………………………………… 133
九 汉字问题何去何从 …………………………………………… 136
十 汉字绝非借来之物 …………………………………………… 138
十一 汉字与国语的规则 ………………………………………… 140

第六章　汉字及固有语言的自我认同
　　——国语与日语 ·············· 143
一　汉字与国语的意识 ·············· 143
二　国语意识与汉字记录法 ·············· 146
三　汉字的输入与国语的主体 ·············· 148
四　汉字与"国语的事实" ·············· 151
五　汉字并非借来之物 ·············· 153
六　语言主体概念的转换 ·············· 155
七　具有日语特性的语言 ·············· 157
八　通向时枝诚记国语学之路 ·············· 160
九　时枝诚记国语学的成立 ·············· 164

代后记　汉字论的视角 ·············· 167
译后记　顾春 ·············· 178

中文版序
汉字作为"不可回避的他者"

"汉字"是日本人的语言即日语中不可或缺的文字要素，但同时，如"汉字"之名所示，它带着自"汉"传来的标识被日本人沿用至今。这本《汉字论》探讨的便是该如何看待日本人使用的"汉字"。随着对自己国家及其语言的自我认识的逐步形成，日本人开始意识到一个重要问题：日语或日文中的汉字为外来文字。具有这种强烈的民族语言意识的学问，即国学的出现在日本史上是有鲜明历史性的事件。它伴随着18世纪本居宣长（1730—1801）的登场应运而生。宣长耗费毕生心血撰写成《〈古事记〉传》，诠释了蕴藉日本最古老的神话及历史传承的《古事记》。由于《〈古事记〉传》的成就，近代以来，宣长也被赋予日本最高学者的殊荣。这当中究竟有着怎样的缘由？

日本最古老的史书有《古事记》与《日本书纪》两部。《日本书纪》奉当时天皇的敕令开始编纂，由来自中国、朝鲜的文人共同执笔，于720年以标准的汉文体史书形式展现在世人面前。这是可以确认的史实。然而，《古事记》于712年成书这一事实，我们仅能在其撰录者太安万侣的序中找到佐证，其文体亦非标准的汉文体，而是用一种变体的汉文书写的。《古事记》作为日本最古老的文学典籍，包罗众多神话及传说，近代以来为人们所喜爱和阅读。但是，重新挖掘出其价值的却是18世纪日本国学家本居宣长。他自《古事记》变体汉文的背后发掘出一个由古日语呈现的神话传说的世界。自此，《古事记》中所记录的变体汉文，被视为日本人极力保存、传承古代日语的一种方式。于是，宣长诠释《古事记》的工作，也就成为从变体汉文文本中设法读出古代日本人的话语与心声的伟业。《〈古事记〉传》可谓宣长这一注释工作的硕果。近代以来，日本高度赞扬这一成就，并把它当作珍贵的学术遗产加以继承。确实，宣长读出了《古事记》汉字文本背后的古代日本人的话语及心声。他为当时明治政府意欲构建的现代天皇制下的国民国家提供了最为重要的语言及精神食粮，即国民自我认同的源泉。宣长与《〈古事记〉传》被现代日本高度评价，也源于此。然而，那些给予《〈古事记〉传》高度评价的人却不了解宣长及《〈古事记〉传》有意回避与误读之处的重大问题。

《古事记》开篇即道："天地初发之时。于高天原成神明。天之御中主神。"本居宣长就篇头"天地"一词解释道："天地乃阿米都知（あめつち）之汉字，天即阿米（あめ）。"即拿日语的"アメツチ"借用汉字书写成"天地"，故而"天"乃"アメ"。宣长认为《古事记》在文本上即便使用"天地"来书写，但作为日语它应读作"アメツチ"，它的意思自然也应以日语去衡量，不应以汉语的"天地"去判断。这里体现的是将汉字视为借来之物，用以书写、表达日语的观念，即汉字的"借用观"。《〈古事记〉传》是站在整个汉字借用观的立场上对汉文体古典文本的一种诠释。

本居宣长所著的《〈古事记〉传》给现代日本带来了一种可谓具有先天教义般的观点："在汉字东渡日本之前，日本已拥有作为本民族语言的日语。汉字只是借来之物，是外来的作为书写日语的手段。"这一观念伴随现代声音中心主义的语言观，在国语学家中被广泛使用。然而，现代日本通过大量的汉语词汇创造了众多译词。我们现在使用的大多数汉字熟语均来自这些译词，剔除这些译词，我们的文章便无法成立。围绕现代日本"汉字"的这一矛盾而又倒错般的语言论述，我写下了这部《汉字论》。

现代日本国语学家们认为接纳和使用汉字是"日语的不幸"，我在审视和探讨这一汉字观时，将其源流追溯到本居宣长，提出汉文体文本《古事记》究竟是否可读的问题。宣长没有看到这一意义：日本古代神话及传说正是靠着承载"汉"文化体系的汉字，才得以形成书面语言的《古事记》，才能留传后世。而他只将汉字作为书写日语的手段，即文字符号加以抽象化。我在《汉字论》第一章《何为"汉语"》的末尾处说："将本国语言及伴随其成立的文化中不可回避的他者，确切地说，是作为不可回避的他者的汉字，作为与自身异质的他者排除出自身的领域。将自身存立中不可回避的他者作为异质的他者排除到自身的外部，就等同于同时在自身的内部幻化出一个相对的固有性。"这同时也是本书的结论。我在《后记》中重新确认了作为"不可回避的他者"的汉字的意义。

"汉字"鲜明地刻有"汉"这一他者性印记。然而，日语却正是通过汉字才得以成"文"。要向世人传达事实、寄托存于事实中的感念或意义以及传播思想的"文"，都是因为有了汉字才成为可能。没有汉字，日本的"文"便无法成立。最终，日本人根据汉字创造出表音文字的平假名、片假名，但并未废止汉字。现代日本声音中心主义的语言学家们主张废除汉字。我无法认同这种废止汉字论，其理由便在于将这一刻有他者性印记的文字导入我们自己的语言体系内，具有极其重要的意义。也正是通过这一刻印他者性的文字，我们的语言可以维持与他者的关联。而这一他者并不单纯是空间上的他者，它也是时间上的他者，既可上溯到遥远的过去，也承担着未来。我们只有充分建立起对"汉字"他者性的自觉，充分认识到"汉字"实为一种预想并承载着他者记忆的文字，才有可能获得一种具有普遍性的"文"。事实上，伴随着汉字借用论的主张，使日本人迷误的重大事实，正是汉字带给我们的具有普遍意义的"文"。

这一观点并非只针对《汉字论》的日本读者，我也想向《汉字论》中文版的读者们表达此意。汉字绝非仅仅是导入书写语言的中国一国的文字，它对周边日本、朝鲜等诸国而言，也是实现书面语言的重要文字媒介。如果说汉字是实现不同语言书写的文字媒介，那么实际上作为支撑不同地区语言体系的中国文字，本来就应该是一种导向书写语言的统一的文字媒介。对于中国而言，佛教作为不同文明的宗教体系，也是因为有了汉字这一媒介才被中国所接受，而后同样以汉字为载体，佛教同儒教一道传播到日本。汉字也深深地留下受到佛教这一他者影响的痕迹。各种汉字音传入日本，吴音则作为佛典诵读的发音流传至今。于是我们可以说，汉字在其母国中国不也同样受到他者的影响，作为向他者开放的语言契机而存在吗？只是，在传统中国，汉字由于成为统一帝国的文字语言而逐渐丧失他者性。打破这一帝国语言自闭性的，不正是20世纪初期恢复了他者性的新文体与新汉字吗？

我给这本《汉字论》加上了副标题"不可回避的他者"。这个副标题随着时间的推移迭生越来越积极的意义，且随着期待语言容纳他者、向他者开放而日增月益。我期望《汉字论》中文版的读者也能重新思考和确认这一副标题蕴含的意义。就此收笔。

最后，我对克服重重困难翻译《汉字论》的译者顾春深表敬意与感谢。同时，对我来说，此书能在中国出版实属意外之喜，在此谨对北京三联书店编辑部的李静韬女士致以由衷的感谢。

子安宣邦

2020 年 6 月 10 日

第一章
何为"汉语"

　　历经几世纪的传播，中文如洪水般涌入朝鲜语、日语、安南语的语汇中，却未曾受到任何反哺。

　　爱德华·萨皮尔（Edward Sapir）《语言：言语研究导论》①*

　　支那②的文字无法匹配日本的语言，日本的语言与支那的文字性质相异……日本人拥有优越的文化，所以也会让自己的文化亦不

---

① 爱德华·萨皮尔（1884—1939），又译爱德华·萨丕尔，语言学和心理人类学先驱，代表作之一就是《语言：言语研究导论》（中译本可参考商务印书馆，1985年版）。
* 为保证叙述的流畅和读者阅读的便利，凡在本书正文中出现的外文著作，均直接采用其中译书名，原著的书名及其他出版信息的原文均在注释中说明。本书译注或编注已逐一注明，除此之外的注释均为作者的原注。——编注
② "支那"原为古代印度人对中国文明古国加以称赞时的称谓，它随汉译佛教典籍传入日本。许多学者曾就日本人使用"支那"称谓中国的历史源流问题加以考证。概言之，19世纪以前，"支那"一词含有一种敬意并较少出现在日本文献中。19世纪以后，特别是江户末期，它的使用逐渐增多且生出一种傲慢之意。日本明治维新时期，特别是甲午战争前后，该词成为一个对中国较为固定的称谓，贬义与中性词义并用。日俄战争后，其轻蔑之意愈演愈烈。为保留引文原貌，本书中一律采用"支那"原词。——译注

断地进步，但汉字的使用却成为日本人发展其文化的一大障碍。

津田左右吉[①]《日本文艺研究》

一 "汉语"概念的成立

国语学[②]学者山田孝雄[③]的著作《国语中的汉语研究》[④]被认为是系统研究日语中汉语问题的开山之作。那么，在这部著作中，山

[①] 津田左右吉（1873—1961），东京文献学派的第一代重要学者，以"皇国史观"否定论为核心的"津田史观"，在"二战"后成为日本史学界的主流思想。——译注

[②] 日语中的"国语"指某一国家的主体、其诸民族所共有和使用的语言。"国语"这一称谓从明治初期开始使用。1894年，日本国语学鼻祖上田万年（1867—1937）发表题为《国语与国家》的讲演，"国语"一词由此确立，并开始作为国体之标识逐渐普及。文中的"国语"虽指日本的国语，是日语，但较之"日语"的说法更体现作为国家民族语言的立场。相应的学科有"国语学"与"日语学"之分，前者以"国语"为研究对象，研究领域虽囊括国语理论、音韵论、音声学、文字论、文法论、语义论、文体论等，但涵盖古代至现当代的以日语为文本的研究对象；后者则侧重在世界各国语言中定位日语，强调比较视域，以现当代日语为研究对象。而"国语教育"通常指针对日本人的国语教育，"日语教育"则主要指针对外国人学习日语的理论、策略和方法等。后文中还会出现的"和语"，虽指日语，但更强调区别于汉语或其他语言的日本固有语言。本书中的"汉字""汉语"也有特定的词义，"汉语"大致可以理解为"汉语词"，由于日语书面语由汉字发展而来，日语中的汉字亦历经几百年的变迁，与当下中文里的"汉字"不尽相同，特此说明。——译注

[③] 山田孝雄（1873—1958），日本国语学学者、国文学学者。山田建立了独特的日语语法体系，被称为继承契冲、贺茂真渊、本居宣长国学传统的最后一位国学者。——译注

[④] 山田孝雄『国語の中に於ける漢語の研究』（《国语中的汉语研究》），宝文馆，1940年初版，1958年订正再版。

田将什么作为研究的起点呢？该书以1931年他在东北大学的讲义为底稿。在序言中，山田道明了他的创作意图："这本书并非要针对汉语或褒或贬，而旨在汇总汉语在国语中所占的比重、在使用中实际处于何种地位以及使用的性质等等。"正如篇题所示，从"国语中的汉语"这一视角去研究汉语的实态正是其意图之所在。与该视角一同形成的还有"汉语"的概念，即"国语中的汉语"这一概念。汉（中国）的语言——汉语，通过山田的定义变为日语的一部分。但请注意，"日语的一部分"绝非"日语"，而是在"日语的一部分"这一视角下，形成了崭新的"汉语"的概念，即"国语中使用的起源于中国，以汉音、吴音为主的词"[①]。学术界普遍认为，正是山田的著作第一次触及"汉语"概念的成立。

至此，在《大言海》（1932—1937年）中仅被解释为"支那语言"的"汉语"，在当下的国语辞典中被解释为"过去由中国传来，后成为日语的词语。广义上指由汉字组成的音读[②]的词语"（《岩波国语辞典》第三版）。在日语中，那些语义源自中国（外来性），甚至文字（汉字）的发音仍然明显保留着源于中国发音特点的汉字语词被认为是"汉语"，即在日语中词的文字结构、发音等均可辨别其来源为中国的字音语的就是日语中的汉语。

要求日语词汇中的"汉语"必须包含来自中国的外来性标识，

[①] 引自山田孝雄《国语学辞典》，1955年。山田关于"汉语"的定义基本被其后的国语学辞典承袭。『国語学大辞典』（東京堂出版，1980年）对"汉语"的定义为："在中国指的是与外语相对，对本国语言的称呼。在日本，狭义上指起源于中国的词语，主要以吴音、汉音来发音。广义上，与'和语''外来语'相对，被称为字音语。"（森冈健二）

[②] 音读：日语中的汉字按照古汉语传入时的发音来读的读法。——译注

促成这一"汉语"概念成立的学术视点,与本国语言成立史、国语(日语)的形成史之学术立场的确立环环相扣。为此,也只有在山田孝雄这样一位对日本本国语言做出国语学、国语学史之体系性考察的学者这里,才会有《国语中的汉语研究》这部著作问世。"汉语"概念的形成与立足于本国固有语言并由此观察的视角休戚相关,这另一方面还反映出"汉语"概念的形成促成"和语"概念成立的情形。继而,如前所引《国语学辞典》便可以进一步提示出作为"日语中的汉语"对立语的"和语",并将之命名为"日语"的别称,同时将其解释为"与汉语、西洋外来语相对的日本的固有词"。通过在日语中区分"汉语"词的视角,可以同时达到在本国语言中巧妙地剥离出日语固有词的效果。

如果把当下以及过去曾作为日语使用的词中由汉字构成、以字音发音的词视为"汉语",那么,幕府末年至明治时期为对应西洋语而使用汉字创造的为数可观的新词、译词也会被囊括其中。由汉字构成的新词是近代日本在对接西洋文明、学术的过程中,伴随由假名表记①的外来语的激增而不断被创造的新词。经过明治大约十年(1868—1878)的积累,在政治、经济、科学、哲学领域,乃至诸如"主观""客观""抽象""具象""概念""命题""定义""认识""现

---

① 表记,在中文里表示标志、纪念品或信物。日本《国语大辞典》《大辞林》将"表记"解释为"书写、记录及书写、记录的文字""以文字或符号书写、表达"。除此之外,线上版《日本大百科全书》对"表记"还加以详细说明:"词语及其形态通过文字序列被表记出来。词语之上的文字序列可通过添加标点符号或空行,使句子与段落得到正确的书写。但要避免将表记混淆为文体、书体、笔法、用字法等。"也就是说,"表记"是日语的语言规范下的文字呈现。——译注

象"等与我们思维、表达活动息息相关,与西语直接对接的译词纷纷得以确立。① 这些现代汉语新词的形成虽须一一甄别,但如是观察现代新词、日本人目前使用的语言,特别是书面语言上所谓的"汉语",其数量可谓擢发难数。而我在此书提及的汉字熟语,近乎全部均是作为现代概念专用术语再生的新"汉语",即汉字构成的译词、新词。

二　国语的侵入者

山田孝雄在其《国语中的汉语研究》的开篇引用《言海》(1889—1891年,初版)以"和语""汉语""外语"对词语进行分类后统计,他惊叹道:"据该统计所示,固有词仅占全部词语数量的一半,实在令人愕然,但更令人惊诧的则是在约达半数的外来语中汉语占有绝对多数。"② 国语学学者此种诧异态度难道不更令人愕然吗? 山田为何要对我们语言中的这种状况发出如此惊愕的感叹呢? 他的惊叹难道不是由于他把"和语"与占有我们使用词语半数的"汉语"相对化的结果吗? 正是由于他将自身使用的词语的半数作为"外来语""异质语",并与"固有词汇"对立地看待,才会惊诧其数量之多。

我并非要对此冷嘲热讽,只是山田孝雄感慨之中所暴露的国语

---

① 此处列举的词以外,在近现代日本还形成了"铁道""电信""电话""电报""邮便"等从日常汉语到思想、文化、文明等各个领域的汉语词,铃木修次『漢語と日本人』(《汉语与日本人》みすず書房,1995年),其中的大多数反向流入中国,成为中国现代的词语,并被广泛传播。
　　铃木修次(1923—1989),日本汉文学学者,曾为广岛大学教授。——译注
② 山田孝雄所引统计数据为:和语相关词语数24789(59%),汉语相关词语数16500(39%),外语相关词语数1016(2%)。

学学者持有的语言意识是以对固有语言（native language）理念的执着和固有语言的先行存立为前提的。该语言意识以国语的固有词为前提建构"异质语、外来语"等于"汉语""外语"的概念，在字词发生史上，它将外来词视为外部附加于内部，或认为外来词混入了固有语言而应通过外部性标识加以区别。在该语言意识的指导下，研究课题便成为"国语中的汉语"的问题，即由侵入国语、持续侵入的外来者或具有外部性标识的他者"汉字·汉语"所产生的问题。于是，山田才会对从未被"汉语"侵犯的国语赖以存续的固有领域抒发强烈的志向："了解汉语无法侵入的国语的势力范围，以此认识国语的生命力所在，并以上述种种领域的研究间接认识国语的本质。"山田对自己就"汉语"的研究兴趣这样详述：

> 如上所述，汉语如何侵入国语，从哪些方面被移植入国语，从什么时代开始植入，在国语之上占有何种位置，它的势力范围如何？都是我想仔细探讨的问题。（《国语中的汉语研究》）

"汉语"在这位国语学学者的语言意识中成为国语的入侵者。然而，剔除这位入侵者，国语及国语生活就无法成立。尽管如此，却仍然必须给汉语打上外来入侵者的标签。汉语是支撑山田孝雄国语生活的主要词汇，但仍然被他贴上侵入者的身份标识，他的这种语言意识是只有国语学学者才概括得出来的所谓"本来的日语"的奇妙表象。它使当代国语学学者们也一同加入勾画这一图景的行列中。

> 古代无文字的日语因从中国引入文字而开始了书写活动。自此，它便一直受到中文，诸如文字、汉字音、借

用汉语等影响，但只要剔除这些影响，便可以描绘出日语本来的姿态。①

三 国语与国籍的隐喻

"汉语"指国语中带有来自中国的外来性标识，或不如说是使之带上外来性标识的词汇。但由于"汉语"对国语的融合度之深，很多学者踌躇于将其等同于一般外来语。所以，正如《言海》对收录的词汇进行统计时，将之分为"和语""汉语""外语"三种一样，"外语（外来语）"通常被设置在与"汉语"有所区别的范畴内。出于与国语的融合程度而将"汉语"归设在不同类别里，山田孝雄虽对此表示理解，但仍然断言"汉语"无疑是外来语，"汉语本来就不可能是最初的国语，故应称之为外来语"。

"汉语"对国语学学者而言是外来语，但却是一种国语中融合程度很高的外来语。包括"汉语"在内，外来语存在着向国语融合，极端时向国语同化的过程。山田孝雄将外来语同化为国语的过程分为四类，并据此将外来语也分为四种。第一，"纯粹的外语"，报纸杂志上由片假名表记的语言。第二，"狭义的外来语"，来自外国，但在国语中非常流行的词，如"ink（墨水）""table（桌子）"等。第三，"借用语"，已失去外语特色而成为国民的日常用语，如

---

① 白藤礼幸、杉浦克己编著『国語学概論』（《国语学概论》）—「国語・日本語」（放送大學教育振興会，1998 年）。引文中的着重号为著者所加。这部『国語学概論』是一本以纯粹的民族主义的国语意识为立场的简论。它只能被勉强冠以"国语学"之名，体现了当代国语学学者时代错位的语言意识。在这一点上，这本书还是相当珍贵的。

"香烟""笨蛋""旦那"等。其中,"汉语"依其在国语中的同化程度被归入"借用语",因此,大多数国民并不认为汉语是"外来语"。第四,"归化语",即同化程度最高的词语,一般等同于固有词,后人作为国语使用和传播。

山田孝雄用国语的同化程度来区分外来语,将"汉语"视为同化程度很深的"借用语",甚至是"归化语"。但不论汉语词汇属于"借用语"还是"归化语",均要依据山田等学者所规范的语言血统主义的国籍观来加以判定。很明显,山田以"外语""外来语""固有语""同化语""归化语"等国籍问题的隐喻来构建汉语问题。就外来语向国语同化的过程在国语句法中占有的位置而言,山田有一段值得深思玩味的文字:

> 想来外语最初被纳入国语时的本来状态,应该仅仅是为了表述某一概念,仅有作为概念语作名词使用的资格。……而且,不论作为第一种纯粹的外语,还是第二种狭义的外来语都没有任何分别。第三种借用语也大致略同,虽向国语同化,但也仅被当作名词来处理而不发生任何其他转化时,就不免会成为借用语。然而,当它进一步向国语归化时,并没有单纯地被限定在名词的范围使用,而是被用作国语的动词、副词,或受国语的造词法支配——只有进入此状态后,才能被称为归化语。(《国语中的汉语研究》)

以山田孝雄的观点,仅作为名词使用的"外来语"只有动词化或被用作副词之后,才可以进入"归化语"之列。他以国籍的隐喻来描述"汉语(外来语)"向国语同化的过程或转化的程度。按照山田的描述，汉语问题也只有在国籍问题的隐喻之下才能作为问题被构建和表达。国籍问题使国语学言说中的汉语问题浮出水面，因执着于民族语言（national language）在血统上的固有性，或所信奉的母语（native language）理念构成了汉语作为"外来语"的同化（归化）问题。这一问题意识清晰地反映出围绕"国家""国语"展开语言叙事的不可分割性。"国家"的有关日本的起源神话同时构筑起"国语"的日本国的起源神话。但围绕语言展开的国家起源神话中那名入侵者的故事，实际描述了怎样的情景呢？

四 "汉语"输入论

山田孝雄在书中形象地把汉语向国语的"入侵"编织为一幅图景，呈现了日语书面语的形成过程，这也说明在现实中日语是由"汉字、汉文"构成的"表记语言日语"而存在的事实。只是，国语学学者们将"表记语言日语"的成立过程当作汉字导入与"侵入"国语的过程来加以表述。

汉语"侵入"的过程首先被表述为汉字传入日本列岛及被使用的过程。但是，毋庸赘言，汉字移植进入日语是作为文字符号体系，并非中文的语音体系。大概应该说正是作为文字符号体系，汉字才会被导入日语。当然，正如一个个汉字词语最终形成日语的汉字音[①]，它也会作为某一特定地域或特定历史时期的语音流传下来，这些流传下来的发音也由于成了日语中"汉字、汉语"的语音，而从

[①] "汉字音"（字音）指日语中汉字的各种发音，其字音根据汉字词汇的传来路径，有吴音、汉音、唐音的分别。同一汉语既有不同的字音，也有难以辨别其起源是来自中国还是朝鲜的字音、和音与惯用发音的情况。

中文的语音体系中脱离。显然，最重要的是，汉字最终演化为表音符号的万叶假名，逐渐转变为与中文性质相异的表记声音语言的文字。汉字只有作为一种用于表记的文字符号，才会被导入与之性质相异的声音语言的土壤之中。①汉字确实是作为表记文字的体系被导入日语的，但它又不仅仅具有表记符号的意义，它同时承载了一种文明体系的价值导入功能。作为伟大文明体系组成部分的汉字文化，伴随其文字或文字体系，首先经由朝鲜半岛传入了日本。《古事记》中《应神天皇记》关于百济和迩吉师将"《论语》十卷、《千字文》一卷"献给（日本）朝廷的记述，是汉字文化传入的标志。作为文字或作为一种书面语言的汉字，被导入日语的书写文字之中，从而促成了日语的形成。山田孝雄笔下的汉字和汉语进入国语的画卷，实际上展现了日语作为书写语言成立的过程。

想来，虽然如此阅读汉籍、亲近汉文、知晓汉语，但还不能说是将汉语输入国语中了。而且，一定还存在一个过渡时期，即伴随着对汉语的熟稔，已经充分做好将之移植入国语的准备。接着，如上所述，阅读汉籍、亲近汉文、知晓汉语，便自然而然地进入使用汉字的状态。使用汉字如果与掌控汉字有着至深的关联，便还会与汉字输入有莫大的联系。在我国，何时开始使用汉字去记述所言之事？……至推古天皇②

---

① 汉语（中文）圈包括多种方言，这些发音差异的汉字作为表记文字符号的特性，即"作为表记的汉字是共通的，但其发音却具备各自方言圈的特点"，对此，铃木修次有过非常出色的论断，『中国語の性格と漢字』（《中文的性格与汉字》）[J]，『漢字とは』[J]（《何为汉字》），汉字講座一，明治書院，1988 年。
② 推古天皇（554—628），日本第三十三代天皇，日本历史上第一位女天皇。——译注

御世，有圣德太子的著作、种种金石文流传至今。……根据《天皇记》《国记》等记载，亲汉字、汉语、汉文之风盛行，汉语或已部分同化为国语，但未见其确证。然汉语输入国语之形势确已驯致。①

山田孝雄认为，在"汉语"输入之前先有汉字的植入，日本人使用汉字有一个熟练的过程。正如山田分阶段去理解汉语输入的过程，汉字的移植首先是作为表记文字符号而导入的。所以，熟习汉字首先是对汉文书写的熟习。此时，朝鲜饱读诗书之人、匠人早已习熟汉字、汉文，并牢牢掌握使用汉字书写固有语言的方法（吏读·吐）②，在他们的指引下，日本形成了自己的汉字识字阶层。最终，经他们之手，逐渐形成了日语的汉字表记法。和铜五年（712年）的《古事记》是最早由表记文字汉字作为日语表记体系表述的文献，同时也应是宣告日语书写语言成立的最古老的文献。这里，我们可先不计较这部文献中的"汉语"是如何被训读③的，或应该怎么去训读④，

---

① 前引山田孝雄：『国語の中に於ける漢語の研究』（《国语中的汉语研究》）第二章「漢語の伝来とその国語に入れる状態の史的概観及び研究の方針」（《汉语的传入与其进入国语状态之史学概观及研究方针》）。
② 吏读·吐：以汉字表记朝鲜语的一种方法，别名吏书、吏道、吏吐等。——译注
③ 训读：日语中的汉字按照日语固有的发音来读的读法。——译注
④ 应如何读《古事记》，本居宣长以来一直以如何训读由汉字书写成立的文本为关注的焦点，但完全欠缺以汉字、汉文作为书记语言使日语成立的视角。本居宣长是日本江户时期国学家、文献学家、语言学家，与荷田春满、贺茂真渊、平田笃胤并称为日本国学四大名家。1752年，到日本京都师从朱子学者堀景山学习儒学，又从堀元厚、武川幸顺学习汉方医学，主要研究《源氏物语》与和歌，1763年著《紫事要领》。同年受贺茂之托开始研究《古事记》，这成为他学术生涯的分水岭，1798年撰成《〈古事记〉传》四十四卷。——译注

但十分明显的是"汉语"确实是使这部文献中书写语言日语成立的不可或缺的要素。譬如,《古事记》卷首那句"天地初发之时",我们姑且先将如何推理出"天地"到底应训读为"あめつち",还是"あめくに"放置在一边①,但正是由于有了汉语"天地"的概念,记述神话起源的语言才得以铺展开来。汉字、汉语与书写语言、日语一同促成了日本神话记述的成立。这说明日语现实的起点存在于由书面语汉字、汉语构成的文本之中,该文本第一次使用文字描述了日本的创世神话。因此,山田追溯"汉语"输入的过程时,才会对由汉字、汉文所书写的远古记录的来龙去脉觅迹寻踪,并不断追问"在我国使用汉字记述历史的时间到底应从何时开始"。山田的诘问不禁让人联想起本居宣长在《〈古事记〉传》第一卷《古记典等总论》卷首提出的问题:"从何御代始有记述前御代之古事。"②本居宣长相信日本固有语言——和语的原初存在,期望用和语③训读《古事记》,他将目光投向远古,但实际发现的却是由汉字、汉文书写的文本。

被国语学学者作为"汉语"输入国语的过程所表述的,是由汉

---

① 宣长在《〈古事记〉传》中,对将"天地"训读为"あめくに"还是"あめつち"十分犹豫,最终他选择"あめつち"的训读发音。而可以使这一训读成为可能的,不过是将"天地"当作假借字(借字)的汉字表记而已。宣长的训读作业,虽然把汉字作为完全借用的表记符号(假借字),但实际上如果没有"天地"这个汉语词,创世神话不可能成立。参看《本居宣长全集》第九—第十一卷,筑摩書房。下文简称《宣长全集》。
② 『古事記伝』第一卷「古記典等總論」卷首之语。立志于发现"和语"起源的国学学者将目光投向古代,其目光所及之处却是由汉字、汉文书写而成的文本。
③ 日本又称大和,因此日文又称"和文"。但这里的和文指与单纯由汉字书写的汉文相对应的,由假名(特别是平假名)书写的日文。——译注

字、汉语构成的书写语言——日语的成立过程。日语中表记语言的确立，并非仅仅意味着固有语言（和语）以汉字为书写方式的成立，日语表记语言的成立还意味着汉字作为一个不可回避的他者使日语及其文化走向确立。汉字并非附随日语、为书写而存在的单纯的技术前提，而是失去它，日语便无法在现实中存立的不可回避的前提条件。国语学学者所描绘的那个以汉字为书写手段将本国语言表记化的过程，以及进一步将之表象为外来语——汉语侵入本国语言的过程，恰好正是汉字、汉语成就了本国语言现实存立的过程。山田孝雄的"汉语输入论"所显露的正是上述关于日语成立的前因后果。

五　日语之不幸

日语中一直以来背负着他者印记的"汉语"概念，其形成应该是在围绕汉字的影响的历史认识中的——不得不吸收与日语性质迥异的语言（中文）的表记文字（汉字）作为自身的表记文字——这一对日语而言无异于带有双重他者性的汉字影响的认识早已存在。[①] 但我们必须重新审视国语学学者、日语语言学学者[②]这一站

---

① 在现代国语学、日语语言学的发展过程中，中文与日语语言异质性的明确认识是伴随音声语言主义的现代语言学的渗透而得以确立的。在这一现代日本语言学的立场上，汉字汉语对于日语的他者性被进一步强化。
② 日本的日语语言学处于极为动摇的状况之中。日语研究者到底被称为"国语学学者""日语语言学学者"，抑或是"语言学学者"，基本上仅仅取决于他们自身所认定的研究立场。此处将国语教育学学者、日语语言学学者并列表述也反映了这一自我认识的动摇。

在受汉字影响的历史认识中的日本汉字论、文字论。

"汉语"输入国语的过程，被山田孝雄表述为表记文字汉字的导入和日语建立表记语言的过程，当语言学的立场强调日语与中文在语言上的异质性时，有关两种异质语言之间的接触、交涉过程的记载也必然会充斥着遗留给未来诸多问题的宿命论式的论断。"日语最初获得的文字"乃是与日语迥然不同的文字——汉字，就其对日语日后所产生的重大意义，当代日语语言学者如是说：

> 毋庸多论，汉字是以与日语的特性、结构截然不同的中文为基础成立、发展乃至成熟的文字。它本来就与日语不相匹配，且在事实上，为了使这一以异质语言为起源的文字成为自身的文字，日语未能幸免地走上了一条漫长而充满苦难的历程。要说日语直至今日仍在此延长线上，亦不为过。①

日语延续至当代的受难史，始于古代日本吸收了迥然相异的语言——中文文字作为其自身的表记文字，始于汉字文化的影响。这也是当代日语语言学者共通的一种宿命论式的认识：与汉字文化宿命式的接触，以及没有任何回旋余地地接受表记文字汉字，这些皆为日语之不幸。特别是在发现了日语音标文字的表记化对

---

① 收录入林史典「日本における漢字」(《汉字在日本》，岩波講座『日本語』8『文字』，岩波書店，1977年)。
林史典（1941—— ），曾任筑波大学教授、副校长，专攻日语音韵史、日本语史。——译注

语言生活合理与进步影响的日语教育学・语言学学者那里，他们不得不在对日本人同汉字文化的接触及其结果溯本求源中发出日语之不幸的慨叹。平井昌夫①以"赖阿佐夫"为笔名撰写了《国语、国字问题》②，他早在1938年就于"系统、特征截然相异的国语与支那语之宿命的接触"中寻求国语、国字问题产生的根源。在比较语言学围绕日语系统论的讨论基础上，平井强调两种语言的异质性，"日语与支那语绝无半点的类似"。在此，需要注意的是，关于日语、中文异质性的学术解释的依据来自直接从现代欧洲输入的比较语言学的理论判断。"二战"前支配日本语言学界的比较语言学与根据遗传性状推导种族同一性的人类学类似，它根据音韵特性辨别语言的同一性与异质性，以同一祖语为前提，识别语言间的亲族关系，由此展开语言系统论的比较语言学作为推崇同一性理念的现代学识，致力于追溯语言同一性的谱系并证明其存立。正如日语一方面根据其音韵特性被确认为一种维持了语言同一性的部族语言那样，中文也由于其音韵的特性被认定为另一种具有语言同一性的部族语言。就像当代仍留有一线生息的比较语言学的某位代表学者的大胆论断，"比较语言学的语音对应原则发挥了血型判定的功效"③，比较语言学轻率地表达着语言学上关于民族、人种的同一性立场。在1930年代的日本，平井总结比较语

---

① 平井昌夫（1908—1996），日本国语学学者、日语学者。——译注
② 赖阿佐夫『国语・国字问题』（《国语、国字问题》），三笠书房，1938年。
③ 小泉保『绳文语の発见』（《绳文语的发现》），青木社，1998年。针对此书中比较语言学的立场，笔者著有驳论「一国的境界言语の表象」（《一国之国界的语言表象》），载『方法としての江戸』（《作为方法的江戸》），ぺりかん社，2000年。

学的各种观点，并在此基础之上以日语与中文的语言异质性为前提，将源于异质语言间交涉的国语、国字问题重新塑造为"日本民族的宿命性问题"。

> 我们能够了解的是，日语与支那语无论在形态还是系统上，都全然是两种无缘的语言。无缘的两种语言因地域之临近而发生了最亲密的接触。可以说，由此引发的众多困难是一种必然。况且，接触之初，日语并不具备适合自身的表记方法，即文字，所以困难的演进就显得格外特殊。国语、国字问题于是成为日本民族的宿命性问题。(《国语、国字问题的历史》)

平井昌夫认为，尽管与日语完全异质，中文的文字，即汉字，还是成了日语的表记文字，这使日语不得不接受由此引发的语言混乱与障碍。于是，他把这股怨气发泄到本民族语言（日语）中的汉字、汉语上，"汉字、汉文的极端影响致使（日语中）蹩脚的汉语越发声势凶猛了"。对那些主张推行日语音标表记化的人来讲，与汉字文化的接触才是"日语发展之不幸"。因为，他们认为日语中参差交错、长久续存的汉字是阻碍日语现代化的最大要因。[1]

---

[1] 平井昌夫在战后出版的『国語国字問題の歴史』(《国语、国字问题的历史》昭森社，1948年）序言中称，将"封建性与非合理性"内在化的汉字妨碍了"原本健康的日语的发展"。

六 汉字不适合论

当代日语语言学的文字论注重"单字如何表示语言的单位",将文字分为"音素文字""音节文字""表意文字"三种类型。① 日语语言学学者林史典对上述分类进行了说明:"音素文字"原则上一字一音,字母为其代表;"音节文字"一字一音,较之音素文字字母数更多,字形也相对复杂,日本的假名为其代表,韩语兼具音素文字与音节文字的特点;"表意文字"原则上一字一语(形态素)②,需要大量的文字数,字形更为复杂,其代表毋庸置疑当数汉字。林氏站在将文字进行如此归类的角度,阐释语言的音节结构与表记文字之间的适应关系:

> 中文是单音节语言,因其基本语言单位是一语素一音,所以一语素易用一个文字来表示。音节文字因使用的音节数(种类)较少,其结构较适合比较固定的日语。像英语这种音节结构不固定的非单音节语言,使用音素文字则更为高效。由此可见,语言的结构特征与文字之间具有极为紧密的关系。(《日语要说》)

---

① 林史典「文字・書記」,工藤等著『日本語要説』(《日语要说》)第七章,ひつじ書房,1993年。
② "语素"为"表示语义的最小的语言形式",是"语义和发音结合下的最小的语言单位"。如果说汉字表示语言的最小语义,同时又是音素单位的语素,那么便可以清晰明了地显示出其功用。森冈健二「漢字の表意性と表音性」(《汉字的表意性与表音性》),『漢字とは』(《何为汉字》)漢字講座一。

这位日语语言学学者的文字论解释指出了语言与其音节结构和表记文字之间的适应关系。中文因其语言的单音节构造，必然会被选择，作为日语的表记文字。日语之所以发展出假名文字，是由于日语的音节结构与假名更为匹配。每种语言都有与其音节构造相匹配的表记文字，上述这种将语言与其表记文字的关系置于事后性说明体系之内的文字论，基本建立在一种以二次从属性事象观察的视角上，它以声音语言为依据，对与文字符号相关的文化事象进行连带性说明。但是，中文与汉字相宜、日语与假名相合、英语与字母契合，这种事后性说明的文字论，无法解释一种文字符号体系何以转化为另一种不同声音语言的表记文字。说得极端一点，从这种文字论出发，只能把汉字作为表记文字转用于音声语言完全不同的日语与朝鲜语的情况理解为一种误用。站在这一文字论的立场，如同平井昌夫的慨叹，人们对日语表记文字成立史的回忆与描述就无奈地成为一部日语遭受苦难的历史了吧。铃木修次从这一立场出发说道："汉字允许异民族自由灵活地运用汉字。由此而言，汉字是一种泛世界主义的表记符号。"[①] 这种作为表记的泛用性汉字论，恐怕不得不被看作一种谬论了。

　　不同语言的音节结构特性决定了与之相适应的表记文字，这种文字论使得在比较语言学上考察日语对汉字、汉语的吸收，即作为"日语之不幸"的汉字受容论（影响论），更具说服力。这是因为声音语言学的异质性在其表记文字的异质性上得到了彻底贯彻。从这一文字论来讲，汉字对日语具有双重的他者性。文字符号在语言上一般被认为带有"符号的符号"的双重符号性，对于日语而言，汉

---

① 铃木修次『漢語と日本人』(《汉语与日本人》)，みすず書房，1978 年。

字这种文字符号则被认为带有"他者的他者"的双重他者性。在作为口语的日语而言的文字符号的他者性之上，它又被浓重地添加上了一层异质语言——中文的文字符号——汉字的他者性。现代日语语言学虽已不能使用"侵入者"等露骨的国粹主义的言辞去称呼汉语，但它仍然是带有双重他者色彩的汉字、汉语为日语困境的始作俑者，或者更甚。

七 汉字衣裳论

与平井昌夫相同的一位对日语的受难史不忍回忆的日本语言学学者野村雅昭[1]，他有一本名为《汉字之未来》[2]的著述相当有趣。书中不仅称"日语与汉字之间结下了一种难以切断的恶缘"，还介绍了一个由语言学家、日本语言学家做出的汉字是否会从日语文章中消失的预言游戏。[3] 不得不承认，支配语言学学者们能够以认真的学术讨论去做一场预言游戏，无疑是一种单纯的现代主义意识形态。不过我不想对其予以反驳，在这里我只想介绍他在书中所展开的似乎应称为"汉字衣裳论"的探讨。讨论以日本国立国语研究所就报纸、杂志的汉字表记所做的调查展开。[4] 调

---

[1] 野村雅昭（1939— ），日本语言学学家、落语研究家。——译注
[2] 野村雅昭『漢字の未来』(《汉字之未来》)，筑摩書房，1988年。
[3] 野村在上引『漢字の未来』一书中设《汉字会消失吗》一章，详细介绍了以安本美典为首的研究者就"汉字何时消失"展开的统计预测游戏。
[4] 根据国立国语研究所关于报纸、杂志表记发生分化的词语（有两种以上表记形式的词语）的调查。出自前引野村『漢字の未来』「表記のゆれと漢字」(《表记的动摇与汉字》)。

查显示,"和语"的书写明显出现了分化。前文已指出,"和语"指日语中可以称之为日语的词,是日语中除去"汉语"等外来词的词语。从日语的角度讲,是被当作所谓"本来的日语"而抽象化的词语。调查显示,"明ける(无明)""空ける(空开)""開ける(打开)"几乎都被书写为"あける"。"あげる"的书写方式也压倒性地替代了"上げる(扬起、悬起)""揚げる(开起、炸)""挙げる(举、举起)"。"現われる(出现)"与"あらわれる"的写法大致各占一半。"悔しい(懊悔)"全部被书写为"くやしい"。"逆らう(逆、违背)""携える(拿、携带)"等词全部用假名来书写。相反,"あおい"几乎均用"青い(蓝色的)",而"あそぶ"几乎均用"遊ぶ(玩儿)"等汉字来表记。基于这一调查结果,野村指出,"不可否认,和语有被假名表记的倾向"。

> 无论如何,和语用假名来表记是因为汉字本就是多余的衣裳。即便平时用以裹身,不需要的时候,随手扔掉也不会生出任何障碍。……从汉语中夺去汉字,好比让极北民族脱下毛皮外套。即便脱下外套,其中也存在一次"感冒"都不曾得过的最顽强的汉语。相形之下,从和语中剔除汉字,好比禁止热带地区的住民穿着正装,因为和语本来就不需要汉字这件衣裳。(《汉字之未来》)

野村雅昭说"和语本来就不需要汉字这件衣裳",好比在说"和语只与和服相配"。对于固有日语,表记文字、汉字宛如衣裳,而且还是本来就不需要的不合身的衣裳。"汉字衣裳论"让我联想到"外来/本土(固有)"这组二项对立结构下的日本文化论、日本精神论。当然，日语文字论让汉字、汉语一直披挂上外来性标识，它本来就被镶嵌在日本文化论的结构之中。日本思想史家石田一良曾将"神道的本质与时代的宗教、思想影响之间的关系"比作"'换穿衣服的人偶'中人偶与衣服的关系"[①]，由此展开"神道换装人偶说"的讨论。这一通俗解说神道论的做法除在命名上有点意思外没什么可取之处，但确实在命名上出色地传达出日本文化论、日本精神论的特性。"神道换装人偶说"指出，"神道的本质"或"神道的原型"常在不同时代披上新的外来思想的外衣以展现自我。时代的思想外衣可以是佛教、儒教或佛儒中和，甚至也可以是基督教。日本的固有性包裹上外来思想的衣裳而展示那个时代的自我。"汉字衣裳论"也是以固有日语和语的存立为前提，同时将外来的表记文字汉字附加其上的一种观点。"神道换装人偶说"用解释学的思想史方法解读外来思想的衣裳包裹之下的日本式的本质，然而与此不同，"汉字衣裳论"者好像只是质朴地相信，只要剥掉借来的、龃龉不合的、不必要的衣裳（汉字），便可以呈露本体（固有日语）自身的存立。

八 假设游戏与预言游戏

《汉字之未来》预言日语中汉字、汉语的未来，其作者在这部书的开篇便大胆地做出历史性的假设。作者不断重复假设历史上的各种"如果"，并把这作为一种"游戏"的假说，强调"如果"在日语史考察上的魅力。作者称日语史上最具魅力的假设便是"如果

[①] 石田一良「神道の思想」,『神道思想集』解说，日本の思想 14，筑摩書房，1970 年。

日本人没有遇上汉字"。但是，作者所描述的历史上的"如果"之所以有魅力，是由于作者展开的讨论在历史的假说设定中获得了有效性的承认。假设游戏与预言游戏在理论上一脉相承，"如果日本人没有遇上汉字"的假设同时使"日本人总有一天会丢弃汉字吧"的预言成为可能。对日本人而言，若过去并不希望与汉字文化接触，那么在过去设定与之相反的情形，便可以同时预测希望未来发生的事态。如同《汉字之未来》的作者一边假定日语过去的"如果"，又同时预测日语表记文字的未来。

爱德华·霍列特·卡尔[①]在《历史是什么》[②]中指出，人们对历史学家关于诺曼人的远征与美国独立战争的"事件发生的必然性"没有任何异议，批评家们却对卡尔就俄国"十月革命"的记述展开猛烈的攻击："将发生的事件隐喻地描写为必然发生的事件，却疏于论证其他所有可能发生的事情。"为何针对历史学家就俄国"十月革命"的记述会产生诸般异议，对异议提出的理由，卡尔的说明显得饶有趣味："由于布尔什维克的胜利而蒙受损失的人们，或恐惧由此可能走得更远的人们，在这些人看来，因为想将自身对布尔什维克胜利的抗议保留在记录之中，他们在阅读历史的时候，便对或许可能发生，或许能更早发生的事件浮想联翩，而对那些对事件发生的原因、为何没能更早发生进行阐述的历史学家淡然处之的工作态度怒火中烧。"历史学家总是断言历史的结局不可逆转，对此

[①] 爱德华·霍列特·卡尔（1892—1982），英国历史学家，研究专长为国际关系史，被称为"现实主义国际关系学之父"。——译注

[②] E. H. カー『歴史とは何か』（《历史是什么》），清水幾太郎訳，岩波新書，岩波書店，1962年。

恼羞成怒的那些人却因为历史的结局而迷惑不解。如若不然，他们便可以继续置身于舒适生活的幻想之中了。卡尔意在说明以俄国"十月革命"为里程碑的现代史的麻烦之处在于，"人们记忆的是一切选择皆为可能的时期"。

按照卡尔的推论方法，抱着日本人可能使用汉字以外的表记文字之梦，《汉字之未来》的作者大概不满于日语吸收汉字作为其表记文字的历史结局，即对造成日语的混乱与非合理性而愤愤不平。这或许在期待日语合理性重构的日语语言学者的心理层面上确实如此。但抛开心理动机，究竟是什么样的理论要因能使日语语言学学者历史假设的黄粱美梦成为可能？唤起他们的假设之梦，同时还使他们预测未来可能会摆脱汉字的藩篱？让假设、预测游戏成立的是构成"汉字衣裳论"的理论结构，即"外来／本土（固有）"这组二元对立所构成的日本文化论的理论范式。让汉字一直背负着外来性标识同时又设定固有日语的抽象概念，这种理论结构才是使日语语言学学者沉湎于梦呓历史假设的元凶。

九　汉字书面语言的成立

若没有汉字，就没有日语的现实存立。通过文献资料追溯日语的形成，我们邂逅的便是以汉字、文为表记文字、表记技法的书面语言日语。有了汉字、汉文构成的语言，日语才得以在现实中存立。这大概应归功于古代日本识字阶层长期不懈的努力。如前所述，汉字确实作为一种适合异语言的表记文字被古代日本所接受。将汉字与汉字文化的影响想象为日本人的不幸，或者担心自身的文化因此遭受侵害的人们，大概他们只想看到汉字作为日语的表记符号、表记技法被吸收这一点。本居宣长之所以能够在《〈古事记〉传》中实现《古事记》的训读作业，正是由于他把汉字、汉语全然视为固有语言的表记文字（假名、借字）。但是，仅将汉字视为被接受的纯粹的表记符号，恐怕只能是语言学上的抽象之谈。汉字的影响原本是形成于中国文明之汉字文化的影响。汉字文化不只有语言，还是包括政治、社会，乃至伦理、宗教的文化体系。为此，仅将汉字作为表记文字抽象视之的观点里伴随着一种强烈的意识形态。过去它是国学的意识形态，如今，则是站在语言、民族同一性理念上的现代语言论的意识形态。

在考察古代日本汉字、汉文日语表记法的成立时，通常会引用7世纪被称为"法隆寺金堂药师佛光背铭"的铭文："池边大宫治下天皇，大御身劳赐时，岁次丙午年，召于大王天皇与太子而誓愿赐，我大御病太平欲坐故，将造寺药师像作侍奉诏（后略）。"① 推测该铭文刻记在佛像光背的时间为7世纪后半期，较之佛像制作年（607年）晚了近一百多年。若该铭文的刻记时间确与研究者的推测相符，它将与其他金石文以及近年大量出土的木简文字一起，共同成为汉字在这一时期成为日本政权及周边相当广泛区域内的书面语的有力证据之一。在7世纪后半叶，除正式的汉文体表记语言

---

① 引自前摘林史典论文「日本における漢字」(《汉字在日本》)。林氏将这段铭文训读为："池辺の大宮に天下治しめしし天皇、大御身勞きひし時、歳午に次れる年、大王天皇と太子とを召して誓ひ賜はく、我が大御病太平ぎまさく欲し坐すが故に、寺を造り薬師の像を作り仕へ奉らまく將すと詔りたまひき。"但该铭文铸刻的时间远在7世纪后半叶，晚于雕像建造的时期；见今泉隆雄「銘文と碑文」(《铭文与碑文》),『ことばと文字』(《语言与文字》), 日本の古代 (《日本的古代》) 14, 中公文库, 1996年。

外，还有由变体汉文构成的和风汉字表记，乃至和音、和训汉字交杂混合的表记形式，形成了当时日本的书面语。这些资料表明，这一时期日本已经存在包含汉字书写语言在内的多种形式。7世纪后半叶，日本汉字与多种书面语并存的情况最终促成了《古事记》与《日本书纪》作为拥有各自汉字表记体例的成体系文本的成立。

7世纪后半叶，日本史学家将日本大范围使用文字表记视为"从口头传承到文字记载"的变化，"这一'口头世界'向'文字世界'转变的开创性时代可放置在7世纪后半叶律令制度迅速整备的时期"。[①]日本律令国家机构的完备需要大量吸收掌握中国政治制度、汉字文化知识体系与具备处理汉字文书事务、通信能力的官员。这一时期汉字书面语的成立以支撑律令体制的广泛识字阶层的形成为背景。极端地讲，日本汉字书面语与日本律令体制是同一时期形成的。日本律令国家的形成促使日本书面语得以成立。律令制的建立使日本社会实现了飞跃式的发展。同样，书面语也使日本的语言生活一跃千里，精进不休。或者可以说，随着日本书面语的日臻完善，日本国家以及国家的内部语言——日语最终获得了确立。故此，考察《古事记》的成立，需与《日本书纪》的成立一起，放置在日本书面语的成立之中去加以审视。[②]

《古事记》的世界是由汉字、汉文书写的文本世界。换言之，它只有以汉字书面语的面目，才有可能在我们面前呈现其真实的姿

[①] 佐藤信「習書と落書」(《习书与落书》)，收录前引『ことばと文字』(《语言与文字》) 一书。

[②] 必须重新审视《古事记》与《日本书纪》中由各自体例所构成的汉字书面语言文本同时成立的意义。探讨日本书面语成立的划时代性时，无法撇开二者去谈。

态。仅将汉字视为日语的表记文字,则只会将《古事记》视为固有日语(和语)所创造的表记功能的成果,而决不去注意到《古事记》正是作为汉字书写的语言世界才得以成立这一事实。将汉字仅抽象化为日语表记的文字符号,将本国语言及伴随其成立的文化中不可回避的他者,确切地说,是作为不可回避的他者的汉字,作为与自身异质的他者排除出自身的领域。将自身存立中不可回避的他者作为异质的他者排除到自身的外部,就等同于同时在自身的内部幻化出一个相对的固有性。这正是前述本居宣长《〈古事记〉传》使《古事记》的训读作业得以成立的两项重大假说性前提。宣长对汉字表记符号(假名、借字)抽象化并将异质性排除于自身外部的作业,与固有日语(口头语言、和语)原初存立的主张、汉字文本训读可能性的主张紧密关联在一起。

显然,《古事记》文本已然成为我们学术关注中必须重新追问的语言论上的问题域,而赫然出现在我们的眼前。

第二章
《古事记》
——一个汉字书写的文本

其训状、难解的汉字典籍之训状,乃无法言表、遥远的风谙皇祖神御代雅言所无者。

本居宣长《新刻〈古事记〉·序文》①

"古训《古事记》"实为"新训《古事记》"。于其本质,后者皆以之为滥觞。

龟井孝②《〈古事记〉可读否?》

一 《古事记》可读否?

《〈古事记〉可读否?》为龟井孝抛向日语国语、国文学界的一个本质性问题。③《古事记》自本居宣长的《〈古事记〉传》之后便

---

① 『訂正古訓古事記』(《新刻〈古事记〉》)之「序文」写于1799年春,《本居宣長全集》第八卷。
② 龟井孝(1912—1995),日本国语学学者,曾为一桥大学教授。——译注
③ 龟井孝所提出的问题"《古事记》可读否——散文部分的字训及所谓训读的问题"(『古事記大成』3「言語文字編」,平凡社,1957年)。本稿所载龟井论文均引自『日本語のすがたとこころ二』(《日语之形与魂·二》),『龟井孝論文集』4,吉川弘文館,1985年。

作为一个可读①，或者说必读的文本流传于世。龟井孝针对可读的《古事记》文本的赋予性（由汉文书写）在本质上、方法上质疑其究竟是否可读。我所谓的本质指龟井孝的问题以文本的赋予性为前提，它到底是否可读，这并非一个技术论上的读解之问。龟井孝从《古事记》这一由汉字书写的文本成立的本来面貌出发，提出了这样的问题：该文本究竟是否可读？假设可读，该如何看待文本的成立？龟井孝首先诘问的是《古事记》的文本以及该文本成立的本来面貌。也正是龟井孝的这一追问，使得《古事记》以汉字书写的文本的面目以及汉字书写背后蕴含的深刻意义，在写与读的关系中得到本质性的追问。此后，关于读《古事记》的种种追问便与汉字文本紧密地联系在了一起。

> 汉字本乃表意文字。若以表音而用之，不外是一种改变汉字规则的使用方式而已。对汉字的这种感觉是正确的认识。汉字对这种感觉的诉求根深蒂固，若用一个词加以概括，那便是伴随汉字文化的"宿命"。②（《〈古事记〉可读否？》）

这不过是龟井孝在创作体验的想象中唤醒自身感受而记录下的文字。他将自己置于太安万侣主持《古事记》编辑工作的情境中，

---

① "读"既是ヨム（"音读"），也是训读，还是阅读。《古事记》文本是三重意义上"读"的对象。龟井孝的《〈古事记〉可读否？》中"读"的不同位相，是在与《古事记》文本的勾连中被追问的。"读"用平假名表记时，也是在这三层意义上的"读"的行为。

② 引文着重号为著者所加。

感受太安万侣亲自使用的表意文字——汉字所必然拥有或不由得感同身受的文字规制力。龟井说"汉字对这种感觉的诉求根深蒂固",他的话除让我们看到《古事记》是一本由汉字书写的文本外,还让我们意识到被本居宣长等《古事记》训读者们压抑许久的汉字的规制力。"《古事记》可读否?"让自己置身于书写化作业的现场,亲身体验创作者的感受,龟井的疑问由此成为叩问太安万侣别无选择的书写化作业,即采用规制力极强的表意文字汉字进行书写的意义问题。从龟井设定的问题场域出发,太安万侣在《古事记》序中有关"上古之时,言意并朴,敷文构句,于字即难,已因训述者,训不逮心……"的文字被近乎执拗地觅迹追踪,并被彻底地解说与分析。与这些执拗而彻底的解读作业如影随形的,是文本批评家尖锐冷静的分析与现代精练老到的文本解读者解读的深度。这大概就是龟井的《〈古事记〉可读否?》能够唤起跨越国语学、语言学专业领域问题的原因。

在此,我称赞龟井孝"现代精练老到的文本读解者"等等并非客套的赞美之辞。它涉及龟井进入太安万侣这位编者或笔录者使用汉字书写现场的意识和感觉,同时抛出其中隐藏的问题,关系到现代文本读解者的解读方式。在龟井的读解中,问题被设定在面对汉字书面化作业时太安万侣进退两难(或曰困扰)的窘况。他认为《古事记》之序的主线是"《古事记》之编者太安万侣在倾诉编述《古事记》时面临的进退维谷"。这一两难的困扰是面对以汉字书写另一种不同的语言(日语)时所产生的问题,就像龟井在这篇论文开篇所述,它不过是古代日本人面对由汉字来表记自身语言时的困扰,而非其他。

> 最初，古代日本人通过汉字接触了所谓的"文字"这一事物。汉字本是诞生在中华大地，实为汉民族的一种语言文字。日本人当然会对不同文化背景下的语言及其文字的机能产生深深的质疑，如主观上难以轻易消弭的困扰，以及自古以来因为使用汉字书写而不得不倾注大量的精力。……难以克服的种种困难，客观上成为一种挫败，即汉字真的可以书写日语吗？

龟井孝在《〈古事记〉可读否？》开篇所描述的古代日本人的困扰，不过是现代语言学学者、国语学学者由于不得不使用异质语言中文的表记文字汉字作为日语的表记文字，继而将之作为日本人语言生活的苦难加以表述的困扰罢了。① 这是太安万侣假托给龟井孝的困扰。不仅龟井将自己置身于太安万侣表记作业的主体之中，其亲身体验式的文本读解立场是现代的，他假想太安万侣进退两难（困扰）的语言论问题设定也是现代的。"虽然古代人真切地感受到的是如何使用汉字书写日语的技术性问题"，且龟井孝对以现代的方式去理解太安万侣面对的问题有所克制，但"汉字真的可以书写日语吗？"被龟井预设的太安万侣的困扰，问题最终能够解读出的，与其说是因"创造了日语的汉字书面语言"而产生的困扰，不如说是针对"如何使用异质的语言文字汉字表记日语"的困扰。这

---

① 现代日本的语言学学者、日语学学者大多认为日语将异质语言中文的书写文字、汉字作为固有语言的书写文字是不得已而为之的举动，并把这一事态表述为日后给日语带来苦难的不同语言之间的不幸的接触。参阅本书第一章《何为"汉语"》。

个语言论的问题预设所带来的困扰早已将中文、日语两个异质语言体系的先行存立作为其前提条件。但是，从语法、音韵上的特征将中文与日语认定为存在体系上有所差别的基础语言，围绕将异质语言中文的表记文字当作本国语言日语表记文字而产生的困难所展开的核心问题，无疑是现代语言学学者、国语学学者们语言论的核心问题。[①]这并不是带给太安万侣的困扰，而是现代语言学学者、国语学学者们的苦恼，从由此构成的问题出发，我之后还会就国语学学者们围绕解答"《古事记》可读否？"之问构筑的各种观点加以辨析。但此时，无论如何我还是想把关注的焦点先置于龟井凝视太安万侣以汉字撰书书面语文本的目光之上。

龟井孝虽然发现太安万侣认识到由自己选择使用的表意文字汉字及其背负的文化之重，但他并不认为《古事记》是能够还原为口诵语言的文本。龟井看到的是太安万侣的某种断念和决断，他这样写道："汉字文化所支配的环境原则上捕获不到'完全根据语音来贯连'的方式。"所以，他在《古事记》序文中品味出太安万侣的断念和决心，由于深谙表意文字汉字的强大约制力，太安万侣原则上放弃了"用语音贯连"的方式而下定决心以"训"读来完成。如果从太安万侣的决断去读《古事记》文本，那么究竟该如何读才有效呢？龟井慎重地得出结论：

> 太安万侣是否要求"以训而录之"的散文部分，连描写的细节都必须像韵文那样按照一定的读法来读呢？正因

[①] 这一语言论的首要问题与将中日两种语言作为不同语言体系去看待的现代比较语言学观点有关。参阅本书第一章。

为他没有做任何规定，所以仅有歌谣部分以那种形式被保留记录下来了吧。但是，若果如此，《古事记》就无法读了吗？不——以其原本的形式是无法读的，但因为有了训，所以可读。即便无法读，以可读的方式书写就有意义——若它们变得彼此相关，至少可以断定太安万侣是这样想的。(《〈古事记〉可读否？》)

我们应如何理解这一慎重得出的结论？国语学学者们又从中读出了什么？就此我稍后再探讨。这里我们只要确认一点：与这一谨慎推导出的结论针锋相对的，是对《古事记》可读的深信不疑，以及由此而产生的一贯的阅读立场。

二 理解文本的两条曲线

当代国语学学者们将《古事记》正文由汉字表记形成的文体特色化并冠以"变体汉文体"之名。[①] 他们早已承认由具有变体汉文的文体特征的表记书写的汉字文本的存在，是解读《古事记》的前提。然而，从变体汉文体这种对《古事记》文本书写特点的认识出

[①] 现代古典学学者、国语学学者把《古事记》散文由所谓的"变体汉文体"书写而成，作为训读该文本不证自明的前提。国语学学者山口佳纪对"变体汉文体"有过如下表述："变体汉文体是在有了训读汉文的习惯之后，使本来是外国文章的汉文变为日语也允许的形式，是做了必要改动的日语文章。为此，可将以变体汉文体书写的语言视为汉文训读语的核心。即如果训读由变体汉文来书写《古事记》，意味着基本上应该用汉文训读调去训读。"引自『古事記の表記と訓読』(《〈古事记〉的表记与训读》)，有精堂，1995年。

发，研究者们认为势必会引导出一种与之相对应的文本训读的方式。研究《古事记》与《日本书纪》（简称"《记》""《纪》"）的古典学学者西宫一民[①]很久以前就对此发表过类似的言论，他将解读对象《古事记》文本作为例证，提出了文本成立之前与之后的两种不同的研究立场。[②]

> 作为研究者首先应站在作品创作者一方，探寻作品的创作意图、叙述方式。其次，应站在作品的阅读享受者一方，思考作品被解读的方式。我想将前者称为"述作论研究"，后者命名为"接受论的研究"。

西宫一民认为，将作品作为研究对象去理解，需要站在该作品成立之前与之后、创作者"述作论研究"及阅享者"接受论研究"的两个立场上，并且，这两种研究立场会对研究者的作品理解形成互补的效果：作品如何被作者创作出来的"述作论的"理解视角将会引导和限制阅享者对作品应有的"接受论的"理解立场。虽然，西宫一民讲到置于作品之间的两种研究视角，但这不过是一种对作品的文学的理解方式罢了。研究者对作者创作过程中所赋予的主观想象，将会引导和限制阅读享受者对作品意义的理解及理解方式。这种理解方式的前提，是将考察对象的文本置于中间，两边分别有作者（创作者）与读者（阅读享受者）两个主体。以创作的主体作

---

① 西宫一民（1924—2007），日本国语学学者。曾任皇学馆大学校长。——译注
② 西宫一民『日本上代の文章と表記』（《日本上代的文章与表记》）之「序説」（《序说》），風間書房，1970年。

者为前提的文本考察对象，至少必须是"作品"，这正是现代文学式的作品解读立场。但需要各位铭记，把解读《古事记》作为课题的古典学学者、国语学学者以上述现代文学理解图式为前提，并将之进一步与《古事记》文本的解读相关联，然后对这一理解立场进行再次确认。于是，应该如何解读《古事记》文本，这个问题便要在现代文学理解图式中展开。

《古事记》文本的"述作论的"理解与理解太安万侣在何种意图之下创造了变体汉文这一文本表记方式有关，于是，《古事记》文本的"述作论的"理解便会导出"接受论的"——如何正确读取由变体汉文书写的《古事记》文本的——理解方式。

> 《古事记》的述作者按照相当精密的校量，做出该文本是依据能够以和文[①]读出的标准而书写完成的判断。因此，便能够发现读出其所标注的训读，必须按照其标注的读法，这才是训读的基本方法。……如前所述，《古事记》因以变体汉文述记，故而只要活用汉文倒读法便可将之读成和文。如此读来，遗留的问题便成为：日语本来的文章是否已经具备成熟的体系。至本居宣长，由于他无视倒读法，将之意译为成熟的和文，这其实在某种程度上已使《古事记》述作者部分失去了采用变体汉文的意义。（《日本上代的文章与表记・序说》）

[①] 日本又称大和，因此日文又称"和文"。但这里的和文指与单纯由汉字书写的汉文相对应的，由假名，特别是平假名书写的日文。——译注

西宫一民认为，既然《古事记》述作者带有明确的意图使用变体汉文，《古事记》阅读者就应遵循这种意图训读变体汉文，这才算文本读解的正确之道。现在，让我们来思考重叠在对称轴中线的两条曲线。按照上述理解图式，《古事记》文本被置于中间，两边分别是述作者一方的创作意图曲线和阅享者一方的接受理解曲线。两条曲线应在折线上重合或必须在折线上重合，即述作者文本创作意图的内容，需要阅读者通过文本理解正确把握。这是描绘文本理解的两条曲线。只要描绘出这两条曲线，西宫即便对宣长多余的"意译"有所责难，当代学者围绕《古事记》文本描绘的理解图式与本居宣长《〈古事记〉传》中描绘的理解图式也并无二致。宣长通过《古事记》的注释读出并且训读的，便会是《古事记》文本成立的彼岸中宣长管窥的那个神圣的帝王敕令与文本创作者对其抱诚守真的创作意图。

三　汉字文本的存在

摆在本居宣长眼前的无疑是一个汉字书写的文本。第一章《何为"汉语"》[①]中已经提及，"从何御代始有记述前御代之古事"[②]。努力寻求最远古记录的宣长发现的是作为书写文本的"记录"，即汉字书写的文本，或说绝非他物。宣长一向对口诵的固有语言和语及其语言存立抱有近乎理念与信仰的情感。但不得不接受的事实却是，能够记录"历史大事记"的是汉字，不可能存在任何其他的记

[①] 参阅本书第一章。
[②] 前引『古事記伝』第一卷之「古記典等總論」。

录。这也是文献主义、资料主义，同时也是实证主义者宣长作为进行注释工作的前提所冷静接受了的事实。

"天祝词之大诏事"被誉为"神鲁企、神鲁美命之御口传来"①的"祝词"，发现其口诵的神圣传承价值的平田笃胤，先假设能够原原本本记录这一口诵语言的表音文字"神世文字"是存在的，然后尝试将其复原。②可以说，笃胤是这样一位理念追求者，他构想了超越由他者所赐的汉字表记的《古事记》文本之表音文字。本居宣长的想法则大不相同。"全部文章以汉文之格书之"③——这是宣长在《古事记》注释工作的出发点上不得不承认的历史事实。在《〈古事记〉传》第一卷之《文体之事》中，宣长不仅对此有所记述，同时还讲述了日本汉文体的书面语言成立的情形。

> 首先，若大御国本无文字，"今谓有神代之文字，毋庸多言，皆为后人之伪作也"。不论上代之古事或何事，均由口口相传，耳闻相传尔。后传来外国书籍，"西土之文字始渡传来云云"。习读此间之言，亦识其义理。"书纪有言，应神天皇十五年，太子习经典于百济阿直崎，后从师王仁，

---

① 『靈能真柱』中，平田笃胤写道，"天祝词大诏事，乃世间初发之故事，从神鲁企、神鲁美命之大御口传述"，指出了口诵祝词的优越性。
② 有关平田笃胤的神世文字论，详见笃胤『古史徵』中的「神世文字の論」(《神世文字论》)，笃胤《古史徵開題記》，岩波文庫，1936年。现代国语学、古典学学者们将笃胤的"神世文字论"当作无稽之谈，但我不这么认为。这是由对口头传诵的固有言语的信仰而自然产生的推理，也是表音文字的主义的表现之一。
③ 前引『古事記伝』第一卷之「文體の事」(《文体之事》)。引用时多使用送假名。

常见悟赐。"用其文字，借其书籍之语，记录其间之事。

这里描绘了在无文字社会的国土上如何流传、接受、学习中国文字，直至"用其文字，借其书籍之语，记录其间之事"的过程。这与当代国语学学者、古典学学者关于日本汉文体书面语言之成立的认识并无二致。在本居宣长眼前首先存在的是汉文体书面语言并且是两种类型的汉字、汉文表记的文本，即《古事记》与《日本书纪》。他在强调这两种汉字、汉文文本之间的差异的同时，选择了《古事记》的汉字文本进行论证。

四 《古事记》文本的神圣性

为何时隔不久出现的同是由天皇敕令编撰而成的《古事记》（712年）与《日本书纪》（720年），却成为表记风格迥异的两种史书？是由于更早完成的《古事记》的记载有遗缺吗？本居宣长这样回答道：

> 有此《记》之上，更撰《书纪》何为？神公、世间皆好汉学问。此《记》璞真无饰，较汉之国史，无洞见与深议。思其不足，更广思集益，重记年纪，添饰汉语，重撰汉文章，为复立国史，白石似贤，故撰赐于之。（《〈古事记〉传·总论》）

日本正史《日本书纪》的成立说明朝廷一手促成了"汉学问、汉文章"的正统性。本居宣长以此解释加记编撰《书纪》的理由。

《日本书纪》象征着以朝廷为代表的日本上层社会对汉风制度、文化与意识形态（汉意[①]）的正统化，若将此视为国家形成之初的产物，那么，《古事记》将如何能够主张自身的存立意义呢？如果强调一直以来被认为是"璞真无饰，较汉之国史，无洞见与深议"的《古事记》对于《书纪》的固有价值，或强调其优越于《书纪》的价值，该如何才能做到呢？宣长根据太安万侣之序对《古事记》撰述的理由这样解释道：

> 此《记》未用（汉）字之文（体），而以古语，意在勤而述之，使不失古典之真实面貌，序中可见之，云云。……彼（《书纪》）之撰写添以润色，旨在以似汉之国史，此（《记》）则以传古之正实之貌，该意可见其序。至平城大御代，承继其大御志，仰太朝之臣，撰录彼之稗田阿礼诵习故事。……《古事记》未见其废于《书纪》之后……意在记古之正实，而撰述《书纪》亦非此《记》有误之故，其趣在此。（《〈古事记〉传·总论》）

本居宣长称撰著《古事记》以及《记》《纪》二者并存的理由为"记古之正实"。"记古之正实"指传承正确、无误的古代思想、事相意义上的真实。宣长认为古记录文本《古事记》具有的神圣性，其基础在于"真实"。这也是拥有"真实"的神圣《古事记》

[①] 关于"汉意"，大致可以理解为中国传入的思想、学问、制度以及在此基础上形成的汉学修养、汉学知识体系等。与此相对还有"国意"的说法，便是所谓日本原有的思想、文化，甚至是民族性、特质等。——译注

与拥有正统性和汉风国史特色的《日本书纪》被对置之处。进而，宣长认为由于古代的思想、事相要通过语言来传承，所以，正确传承古代的思想、事相便需要正确的古代语言。

> 意事言皆用于相称之物，先代之意之事之言以先代，后代之意之事之言以后代，汉国之意之事之言以汉国之物传之。《书纪》以后代之意记先代之事，以汉国之言记皇国之意，故不合之处甚多。然此《记》无半分润色加工，实录自古相传之说，其意其事其言指称，皆为上代之实。此亦因具为古之言语之故。若其意其事全可以言相传，书则有可记言辞之主矣。……此《记》是故古言之实，上代之言文而愈显其美。①

本居宣长将《古事记》文本的神圣性定格在使用透明的语言（"古言之原状"）传达古代之真实上。于是他便能够将《古事记》文本的成立过程解释为通过文本实现古之真实的过程。不过，传达"古之正实"②的语言（古言）早已存在于《古事记》汉字表记文本的彼岸，先于文本成立之前的时间彼岸。在文本彼岸的语言是"大御国文字尚未出现，口耳相传的上代古事"（《文体之事》）的口诵语言。并且，只有这种口诵的语言才是传达"古之正实"的语言，它是御国固有的语言和语而非其他。于是，针对《日本书纪》而主

---

① 前引『古事記伝』第一卷之「古記典等總論」。着重号为引者加。《总论》里本居宣长的这一说法意在传达《古事记》文本的优越性，同时，为《古事记》加注提供方法上的立场，故而十分重要。
② "正实"，本居宣长训读为"まこと"，一般书写为汉字"诚"。——译注

张的《古事记》的真实就成为"古语之原貌"的语言的真实,即在《古事记》文本上实现的御国固有语言的真实。

太安万侣《古事记》序中有言:"时有舍人,其姓稗田名为阿礼。年是廿八,为人聪明,过目成诵,拂耳印心。即敕语将之阿礼,令之诵习帝皇日继及先代旧辞。"这使本居宣长相信,《古事记》文本通过语言的书写可以原本地保留口诵的语言。宣长将这段作为撰录《古事记》前提性素材的诸记录理解为,通过稗田阿礼的习诵使口诵转化为语言的过程。他这样说道:

> "诵习"乃脱离旧记之文本而仰天诵读,其语渐遂朗朗上口。但不见书有所撰录却先传于书写人之口,得朗朗诵习,实乃语重而复之之故矣。(《〈古事记〉传》第二卷)

本居宣长解释的是"敕语于阿礼……命之诵习"为天武帝"敕语"之意,他在此读出了天武帝命阿礼以古语诵习而尊重古语的意味。由此,他进一步根据"敕语"和太安万侣"序"中的"敕语"——"撰录阿礼所诵敕语之旧辞云云"推断存在着天武帝亲自把文字记录转化为口诵的过程,"自大御口讽诵此旧辞,命阿礼听取大御言之讽诵以诵习"[①]。通过天武帝的御口口诵而进一步得到神圣化的固有语言,终于通过太万安侣体察圣意"因无文字,心念古语,使之不失远古之实"(《〈古事记〉传·总论》)在表记上的执着

[①] 有关本居宣长对太安万侣序中"敕语"的解释,我已在《本居宣长》(岩波现代文库,2001年)《何为"宣长问题"》(筑摩学藝文库,2000年)中详细论述。

努力,而实现了口诵语言的文本化。于是,就有了反映"古语之原貌"的"圣本"的诞生。

> 若此《记》本为彼时清御原宫御宇天皇贤明钦定,诵唱古语,则贵为绝世无双之御典矣。(《〈古事记〉传》第二卷)

五 汉字文本的透明化

"古语之原貌"的神圣文本自然需要以"古语之原貌"来读。宣长确信在《古事记》文本之前存在口诵的固有语言和语,而它必须由其崇信者做出正确的训读。但是即便主要的着眼点在古语的传承,文本依旧还是由汉字、汉文表记的文本。围绕汉文体文本的成立,宣长这样道来:

> 选定此《记》之时,歌、祝词、宣命(诏书)类尚无假名之体,均以世间之汉文而书。然以汉文书就,尔来学问之盛,撰文甚巧,却未如《书纪》等饰文构句,徒有汉文之疏拙,皆因一味以传古语为其要旨之故,非受汉文所激发也。(《〈古事记〉传·文体之事》)

本居宣长指出,《古事记》未使用《日本书纪》那种正规的汉文,而使用较为朴拙的汉文,这全是以"传古语为其要旨"。以尊重古语为旨趣的古朴的汉文,被国语学学者称为"变体汉文体",那么,由汉字表记的变体汉文写就的《古事记》文本,如何训读出天武帝亦极力推崇的神圣的口诵语言呢？宣长也认识到汉字书面语构成的文本为训读带来了困难，但绝未将之视为给训读作业带来挫折的障碍。既然《古事记》是反映圣意的文本，那么就必须且能够依据圣意训读出口诵语言之美。

若体现口诵之美的和语能通过汉字、汉文表记的文本得以训读，那么，就必须承认以这种训读方法阅读的文本具有透明性。也就是说，作为表记文字使用的汉字就必须被视为一种表记的手段，就必须漂净汉字为"汉之文字"的意义及其发音，将之作为和语加以训读。

《古事记》正文卷首有云："天地初发之时，于高天原成神名。"本居宣长将之训读为："あめつちのはじめのとき、たかまのはらになりませるかみのみなは。"在《〈古事记〉传》卷首就"天地"一词长达数页的注释文章中这样解释道："天地写作汉字阿米都知，天为阿米。"[①]"天地是用来表记アメツチ的汉字，天就是アメ"，这句话的意思是表记文字"天"是口诵词语"アメ"的表记符号，不能用汉字"天"来推测"アメ"的意思。宣长在注释文章中又加了行间小注："凡皇国古言初云者初定其名者，仅以其物其事之原本形貌尔，思其深理非可言者，当以其心释之。然世间识者不察其先代语言之本心，独以汉意释之而为当然。"如此说来，"アメ"必须作为"アメ"去理解，用天命、天道、天理、天帝中的"天"去推定其意。如是"天乃アメ也"中的"天"字就不仅应训读为"アメ"，汉字"天"就不仅是"アメ"的表记文字，还必须是"アメ"的表

[①] 《〈古事记〉传》第三卷《神代第一卷》，在全集版中附有两页多的关于"天地"训注的长文。

意文字。那么"アメ"是什么呢？宣长这样说道：

> 于是乎，阿米（アメ）之名义，未得其解。

这好似滑稽笑谈的漂亮话，我曾经将之理解为注释学者对名义妄加推断的禁欲式的表态。①但后来我发现这不过是对本居宣长注释学一厢情愿的过度解读罢了。宣长只不过在坦率地表明其意，他要滤清"天"字在表意文字汉字意义体系中持有的意义体系的背景，将表记符号化后生产意义的空白。国学"汉意"批判的思想方法就是将理念的意义体系作为异质的他者排除于自身之外，以实现自身固有性的思想方法，但亦会时常暴露出自身的意义空白。故此，宣长国学意识形态的核心问题便成为如何在意义的空白之上，或颠覆意义空白的同时主张自我。②

"阿米之名义，未得其解"一语拆穿了排除汉字"天"的文字含义后产生的意义空白。不过，从表意文字汉字中排除其固有之意是为了将汉字仅仅作为表记符号，从而构筑汉字作为假字（借字）的汉字观。将汉字完全当作假字（假名）的用法是《古事记》中表记古老歌谣时将汉字表音文字化的用法，即所谓"万叶假名"的用法。将汉字假名化的不只是这些，只要将"天""地""神""国"

---

① 我起初对本居宣长的理解，建立在对他注释学的强烈认同之上。『宣长と笃胤の世界』（《宣长与笃胤的世界》），中央公论社，1977年，『平田笃胤の世界』的增补再版，ぺりかん社，2001年。
② 我认为《〈古事记〉传》的注释学工作本身，是通过对"神代事迹"的事实加以确认，并用这个事实来填补空白"意义"的工作。请参考拙作『本居宣长』，第二章『直毘霊』と「皇国」像の形成（《〈直毗灵〉与"皇国"像的形成》）。

等汉字视为与"アメ""ツチ""カミ""クニ"等和语（所谓的和训）具有适应性的汉字（表训汉字、训汉字），并且这些汉字被视作从属于和训的表记文字，那么它们基本上就只能是假名。本居宣长对构成《古事记》文本的汉字所持有的基本是"汉字等于假字"的汉字观。于是，文字成为"之后对号入座的假借之物"。

况若视其文字为之后的假借之物，一切均于事无补。唯有数度明辨古语之意，详知古貌，才是学问之应有之要。（《〈古事记〉传》第一卷《古记典等总论·训法之事》）

六　创造"古语之貌"

《古事记》为体察天武帝圣意的圣本。天武帝之圣意即指天武帝"心念古语，使之不失远古之实"、对口诵传承的古语的尊重。本居宣长将圣帝对古语尊重的意愿想象为圣帝通过自身再现古记录中口诵语言的行为。于是，在宣长的眼前便浮现出稗田阿礼诵习圣帝口诵古语的孜孜无怠，还有太安万侣体察帝意、用文字忠实再现古语的笃志力行，以及经由二者展现"古语之原貌"的《古事记》文本。宣长驰骋于古代的视线发现了现存最古老的记录，即由汉字书写的远古记录《古事记》。他确信在这部文本的彼岸存在着口诵的古语和语，以及在文本上被成功表记的事实。

如何理解承载所谓"真实"这一价值的圣本《古事记》的成立过程，则直接决定了文本的解读方式。如前所述，将构成《古事记》文本的汉字基本视为假字的本居宣长，意欲将由"假字文"记述的宣命、祝词、和歌作为有限的线索，从《古事记》变体汉文书写的文本中，训读出理应存立于文本对面的口诵古语。

> 古书皆以汉文书写，若无古语之原貌，今以何为参照？似无所依也。唯古人所留记录中往往可见古语之原貌，诸如《续纪》(《续日本纪》)之宣命体、《延喜式》第八卷《祝词》等文献前后相连，大抵可见古语原貌。故宜先熟读之，了解古语原貌，再诵读熟习《古事记》、《日本书纪》之和歌及《万叶集》。

当然，这些应可作为线索的古文本也并非全都具备"古语之原貌"。其中既有"后来的新词"，又有兼具"汉文之状"的文章混迹其中。于是，本居宣长要求对其进行严格甄别，"若其中掺杂了任何有似汉文之语，理应摒而弃之"。那么，将汉文视为"假字文"，将宣命、祝词、和歌看作反映"本土既有语言之原貌"的文本，进而从这些文本中严格甄别、剔除"汉文之状"，以此诵习"古语之貌"，这种做法究竟有何深意呢？仅仅像宣长说的那样，为了从《古事记》这一汉字、汉文文本中训读出存立于其彼岸的古语，而作为线索的重要但仅为辅助的步骤吗？我反而觉得它是一种通过被视为"假字文"并被承认具有"本土既有语言之原貌"的宣命、祝词等文本，追寻其曾经口诵的足迹而尝试创造"古语之貌"的原型。之后再按照这一模型化的"古语之貌"去训读《古事记》。

本居宣长论述《古事记》训读方法论的文章（前引《古事记》传》之《训法之事》）清楚地阐明了他在回顾先代训读之法时认为，以古书训读古语的做法近乎一种创作。在这段长文中，宣长表明复原早已失传的汉字古训法的难度以及无论如何要创造新训的决心。

显然，宣长将古训失传的原因归结为表记文字汉字用法的繁复。

> 又训古书中真古言之难，乃古者传古言后转用汉字。复古言之本虽难，但至以汉字传之，未几古言渐绝，不可言传。又皇国先代对万物万事不一一尽具其名，大致言语寡足。习汉国言语冗赘之风俗，不论何事具尽其名，此间言传大致转为文字，而其名称有当能书者。此类虽非古言，但以字音而读，当可从其状而造新训。(《〈古事记〉传》第一卷）

本居宣长显微阐幽之文，虽为面向令人五味杂陈的汉字文化的批判之语，但借此更使世人了解古言传承断层中汉字表记的存在，或说汉字逾越语言的断层，以汉字表记的文本开启新训之事。

七　此乃"新训《古事记》"

本居宣长完成《〈古事记〉传》（1798年）之后，为了向世人提供以古训"皇祖之神御代雅言"克复的正确的《古事记》文本，开始着手勘校《古事记》以往版本正文与汉籍文风训读中的误读与误释，制作了在正文中加注片假名旁训的《古事记》文本。1803年，宣长辞世，这部《订正古训〈古事记〉》付梓成册。其全集解说者说"这对《古事记》具有划时代的意义，这一版本至今仍常常被用作刊行《古事记》的底本，并且对后世的研究产生了深远的影响"。[①] 但

[①]《宣长全集》第八卷，大久保正解题。

有人却称宣长的这部"古训《古事记》"不过是"新训《古事记》",他便是本章第一节提到的龟井孝。在《〈古事记〉可读否？》一文的文末,龟井孝直言道:"毋庸多言,《古事记》全文由后世学者加注假名,对太安万侣而言,是一件多么超乎想象的事情。"接着,他说道:

> 那时,（日文）还处于不会从汉字脱变出假名的阶段。即不可能不曾认识到这点的宣长对此加以无视,无论如何,于我而言,就其本质,"古训《古事记》"实际只能是新训《古事记》,之后的版本皆为望尘莫及之作。

龟井孝说古训《古事记》只能是新训《古事记》,以及之后的版本皆为望尘莫及之作,这实在有些严苛。龟井孝批判本居宣长按照古训复原《古事记》的训读作业为创造"新训"的作业,并将之后的训读皆批驳为其亚流,这种批评缘于其他训读作业"无视"《古事记》由汉字表记而成立的事实而去训读。如前所述,宣长的训读是对作为《古事记》文本成立前提的口诵古语在其成立的遥远年代之后进行的复原性训读。对宣长而言,构成《古事记》的"朴拙的汉文"或"变体汉文"无非是为了忠实于口诵古语而在表记上发生偏差的文体。将表记上的汉字基本视为"假字"的看法,使得《古事记》这部用汉字书写的文本在宣长的意识里变得透明。所以,即便宣长的训读实际只是一种对"古语之貌"的创造（新训）,他仍然可以将之自觉为一种口诵古语的训读（古训）作业。

如前所述,对本居宣长等想象的口诵固有语言和语而言,汉字带有双重的他者性。① 它首先是一种表记符号。其次它是不同语言，即中文的一种表记文字。对固有语言和语而言，表记文字汉字是作为双重的他者而存在的。由带有双重他者性的汉字书写而成的语言文本，由此也成为被双重他者化的存在。这大概意味着在丧失口诵语言固有性的双重意义之上，由汉字表记化的语言文本才能成立。只是我虽然在这里使用"固有语言和语"以及"口诵语言的固有性"，但"固有性"与汉字文字的"他者性"相关联，是事后合成的概念和概念框架。于是便可以说，我讨论的是由事后形成的概念与概念框架构筑起来的追溯性问题。依据这一追溯性的概念框架，我的首要问题便是要阐明曾经不得不遵循这些概念框架提出的问题的归宿。即在丧失口诵语言固有性的双重意义时，由汉字实现书写的语言文本是如何成立的。

提出"《古事记》是否可读"问题的龟井孝一定了解"双重意义的丧失"。他坚决不赞同将《古事记》的问世视为"初次将口口相传的内容整理为书籍形式"的观点。我已在第一节提及，龟井曾指出由表意文字汉字书写的文本对其相邻之物的读法具有极强的规制力。对于深谙"双重意义的丧失"的龟井而言，《古事记》文本并不具备"读"的透明性，是一种不透明的表记文本。以此，他推断："太安万侣是否要求……连描写的细节都必须像韵文那样按照一定的读法来读呢？……（《古事记》）以其原本的形式是无法读的，但因为有了训，所以可读。即便无法读，以可读的方法书写就有意义——若它们变得彼此相关，至少可以断定太安万侣是这样想的。"这里的"无法读"指的是无法训读复原脑中作为表记化前提而假定存在的

---

① 参阅本书第一章及本章开篇。

口诵古语。早已完成书面化的文本阻碍了作为其成立前提的语言通过训读复原,由此成为一个不透明的存在。然而,龟井又说它"可读",他指的不是对实现书面化文本之前的语言进行复原性的训读,而是文本成立之后被允许的训读。太安万侣将之进行了可读式的书写,但也绝不能保证被书写的文本百分之百可以被训读,毕竟他自己的书面转化作业会将事后的阅读委任于自己。

本居宣长排除表记文字汉字的他者性,将汉字视为"假字",以此将书写文本透明化,并坚定不移地相信自己完成了"古训《古事记》"的训读。然而,对书写文本的训读是事后性的训读,它只能是新训。所以龟井说"'古训《古事记》'实际只能是新训《古事记》"。

八 "变体汉文"文本

西宫一民提出了分别站在作品创作者一方(述作论的研究)与阅读享受者一方(接受论的研究)的立场。那么,他是如何理解《古事记》述作者太安万侣的立场的呢?从描绘重叠于中轴线的双曲线的两个研究立场出发,围绕《古事记》述作者太安万侣述作意图的理解,同样会限制接受者西宫的解读方式。西宫清晰地梳理出从述作者到接受者的脉络:

> 如果认为述作者在预见汉文"训读"的条件下完成了撰述,那么,接受者理所当然要按照述作者的脉络进行"训读"。……因为可以断定《古事记》的述作者依循相当精密的考量,为我们撰写了能够在和文语境中读出的文本,

> 故而就能够发现必须按照书写下来的"训读"去读,这是再基本不过的方法了。……如前所述,《古事记》由变体汉文体表记,假若活用汉文倒读法,就会发现在这种方法下它已被书写成可以阅读的和文了。①

这里述作者太安万侣作为《古事记》述作者的立场十分明了,即用汉文体书写可读的和文。能够读成和文的汉文体表记指从汉文训读的习惯中形成的一种依据汉文措辞法的和文表记法,即所谓使用"变体汉文"的表记法。国语学学者山口佳纪就变体汉文有如下说明:"《古事记》由变体汉文撰写而成。变体汉文指利用对正规汉文加以训读的习惯,原则上依循汉文的措辞法,将之向适合表记为日语文章的方向改良的一种文体。于是,在其性格上,变体汉文书写的语言必然会具有较强的汉文训读调。"②但变体汉文到底是不是汉文?如果汉文是中文的书面语,变体汉文就不是中文,山口佳纪说它"至少是日语的文章"③。倘若如此,将《古事记》的文章作为变体汉文来认识,它们自然就会成为"至少怀揣着可被作为日语来读出的期待而书写的文章"。

研究者们解释道:《古事记》述作者或撰录者太安万侣以变体汉文体进行写作,实际上怀揣着一种被读者将其读为"和文或日语文

---

① 前引西宫一民『日本上代の文章と表記』「序説」(《日本上代的文章与表记·序说》)。
② 前引山口佳纪『古事記の表記と訓読』(《〈古事记〉的表记与训读》),第三章「音仮名の論」(《音假名之论》),第一节「表現と訓読」(《表达与训读》)。
③ 山口佳纪『記・紀の訓読を考える』(《对〈记·纪〉训读的思考》),『古事記日本書紀必携』(《〈古事记〉〈日本书纪〉必携》),别册国文学 49,学灯社。

章"的期许。果真如此,研究者们就必须回应述作者的意图或期许,将《古事记》文本中训读成"和文或日语文章"。进而,山口佳纪在述作者的心境中,以更加深刻的现身体验的立场做出了推断:"既然变体汉文为日语的表达形式,那么,按照常识判断,太安万侣的脑海中大概一定是一边浮现着某种形式的日语,一边撰录《古事记》的文章的。"由此,研究者们的训读课题便成为,"若在书写的过程中太安万侣脑际里一直联想着某种形式的日语的话,那么,毋庸赘述,还原和再现这些日语便自然成为训读的目标"。①

可以说,将《古事记》视为以变体汉文为表记形式的文本,实际是把在文本上由汉字与汉文措辞法实现的书面语,作为训读《古事记》不可回避的前提加以认识了。然而,心心念念《古事记》训读的学者们却认为变体汉文体的表记形式,是将述作者的意图与解读者的课题紧密联系在一起的线索。显然,对他们而言,由变体汉文体构成的书面语言文本,并不意味着导致事后性训读的不透明性,毋庸说它是穿透历史迷雾的,使事前的"和文或日语文章"之存在清晰可见,并使训读成为可能的半透明状的玻璃隔板。

九 "汉文训读体":作为语言的事后性

西宫一民说:"如果认为述作者结果上在预见汉文'训读'的条件下完成了撰述,那么,接受者理所当然要按照述作者的脉络进行'训读'。"这里,按照"汉文训读体"的训读法,在语言上所

---

① 前引『古事記の表記と訓読』,第三章第一节「表現と訓読」。着重点为引者加。

能预设的文体便是"变体汉文体"。对于这种预期按照训读法所采用的变体汉文体，西宫一民进一步解释道："其意图在于彻底使用'汉文体'，通过颠倒读法与活用助词来彰显和文化（亦即能用和文读出）。"那么，包含在述作者意图之中的训读体语言通过变体汉文体的书写文本是如何被训读出来的呢？

"训读"是一种将汉文书写的文本进行阐释性解读的惯用作训之法。使用训读调的语言指强行对汉文施行和文语脉的改造，是由训读构成的语言。训读作业是以汉文书写文本为前提的事后性作业。所以，训读调的语言实质是事后对书面文本进行训读的语言。西宫们将变体汉文体定义为一种预设自身能以训读读出，因而被采用的表记形式。然而，只要使其变体汉文体表记成立的是汉字文本，它即便能够有限地履行与事后性训读的约定，本质上，也只能将事后之训委任于自身。也正因此，《古事记》文本的接受者也只能将汉字文本作为所予性文本，并以此为前提，努力地旁证其用语、用词法的分析以及其他诸文本的后瞻性训读的成果，并不断提高自身训读的准确度。山口佳纪指出，训读《古事记》基本应使用汉文训读调，在训读时，他强调"在平安初期的训点资料中求证"的重要性。

> 《古事记》之训读，要求以汉文训读调的语言为依据。某一词语若仅在先代有其用例，是难以确保其可以成为适合《古事记》训读的用语的。从文体共通性言之，甚至可以说，应优先在平安初期的训点资料中求证。（《〈古事记〉的表记与训读》）

这段话似乎明确地描绘出如何在事后以训读调语言实现《古事

记》文本的训读。虽然，围绕训读的事后性，西宫一民不断指摘本居宣长的《古事记》训读作为"意译"过于和化的缺陷，但他仍然肯定《〈古事记〉传》在训读上作为"伟大指向"所具有的意义。显然，这里还是有必要拿来引用。

> 我们研究《古事记》的"训读"，都知晓本居宣长《〈古事记〉传》为其伟大指向标的意义。出乎意料，宣长的训读大部分均与平安时代早期的汉文训读法相一致，这不仅得益于宣长的汉文训读素养，还承蒙《古事记》自身用例归纳的训读法之所赐。为此，迄今《〈古事记〉传》虽仍可谓后无来者，但直观《古事记》之文章，宣长的训读应是受到了平安时代早期、中叶假名文学的流丽文体的影响。

西宫一民评价本居宣长的《古事记》之训读可谓空前绝后，这一评价说明宣长以"古训"读出的语言，正如"出乎意料，宣长的训读大部分均与平安时代早期的汉文训读法相一致"中所言，它以7—8世纪的表记文本为前提，是事后训读出的语言，与平安前期逐渐形成的训读法所表述的语言相一致。"古训"确如龟井孝所说是一种"新训"。所以以变体汉文体书写的文本为前提进行训读的那些当代学者，他们的训读作业以贯穿平安时代早期所形成的事后性汉文训读调为"证"展开，也只能是另一种"新训"意义上的训读作业。"新训"即以汉字书写的文本为前提，不断重复以往的训读化过程，同时加以匡正和改良，以此形成新的训读调语言。

十　日语书面语（和文）的形成

　　从被称为变体汉文体的《古事记》汉字文本中训读出的语言，以汉字文本为前提。作为一种解读性的语言，是一种事后创造出来的语言，即所谓"训读体"的日语。这种日语是事后文本解读者想象的，并非"太安万侣事前脑海中浮现的日语"。至少它也是通过解读由汉字、汉文书写的文本，事后逐渐形成的书面语言日语（和文）。前文已反复强调多次，训读乃是一种事后对汉字、汉文文本作解读的作业，它通过将汉文体训读为和文体，实现解释性的变容。变体汉文体以训读为前提，即便可以作为变异的汉文体，也无法避免其训读语言的后瞻性。《古事记》变体汉文体的文本通过训读转变为和文体文本。通过事后完成对汉字文本的训读化读解作业，使作为训读体语言的日语得以成立。也就是说，正是通过汉文体向和文体变异的解释性训读化作业，才形成了具有语法体系的语言——日文（和文）。虽然本居宣长以平安时代的雅文重现了《古事记》中被训读出的和文[①]，但这本身就是利用书面文本讲述的一部日文事后诞生记。

　　在此，我称为日文（和文）的语言指的是通过汉文体向和文体的解释性变异的训读化作业所形成的语言，它包括"直译"的训读体以及"意译"的和文体。[②] 它以汉字文本为中介形成，说到底

[①]　本居宣长认为《古事记》的训读意译过度，像西宫指出的一样，该训读文是"平安时代早期、中叶假名文学的流丽文体"，并且宣长自己也反复强调古言是雅言。

[②]　西宫一民在训读《古事记》时，与本居宣长的意译相对，更有志于所谓"直译"的训读。

是一种书面语。日文（和文）即书面语言日语。因此，表记语言日语就成为以训读汉字、汉文书写的文本为介质才得以成立的语言。如《古事记》卷首一节中的"天地初发之时于高天原成神名天之御中主神次高御产巢日神次神产巢日神此三柱神者并独神成坐而隐身也"一句，是将之训读为"天地（あめつち）のはじめのとき、高天原(たかまのはら)に成りませる神の名（みな）は、天之御中主神。次に高（たか）御（み）産（むす）巣（び）日（の）神（かみ）。次に神（かみ）産（むす）巣（び）日（の）神（かみ）。此の三（み）柱（はしら）の神は、並（みな）独（ひとり）神（がみ）なりまして身（みみ）を隠したまひき"①，还是对此加以指正，将之训读为"天地（あめつち）初（はじ）めて発（あらは）れし時に、高（たか）天（あま）の原に成れる神の名は、天の御中主の神。次に高（た）御（かみ）産（む）巣（す）日（の）の神。次に神（か）産（み）巣（むす）日（ひ）の神。此の三柱の神は、並（とも）に独（ひとり）神（がみ）と成り坐して、身を隠しき"②？通过对《古事记》变体汉文体的汉字文本加以解释，以各种不同的尺度进行多样化训读的训读文，逐渐在事后得以形成。

汉字文本的训读化虽然是训读体语言（日文、和文）事后的创造性加工，但它却依然被认为是一种针对事前存在的语言——日语

---

① 这是本居宣长对《〈古事记〉传》的训读。宣长主张将卷首原本默认读为"此世之初"的"天地初发之时"训读成"天地のはじめのとき（天地初始的时候）"，宣长意在将一个并非天地初始、开端的神话起源故事训读出来。
② 这种训读对本居宣长将"天地初发之时"理解为"天地未生之初始"持批判态度，将此句理解为叙述天地之始源，并批判以往诸多说法，从而提出新训『古事記注解』（山口佳纪、神野志隆光，笠间书院，1993年）的训读方式。

的训读作业。对本居宣长而言,事前的语言指口诵传承的古语和语。"古训"就是依据汉字文本训读出口诵传承的古语和语,宣长坚信他已将之训读出来。他之所以坚信假想的古语和语可以被训读,正是由于汉字文本中的不透明性被成功地剔除了。汉字作为构成《古事记》文本的表记文字,被完全等同于一种表记符号,即所谓的"假字"。而构成其文本的"朴拙的汉文"则被认为是期待从中训读出优雅的古语和语而展开的表记上的加工。就这样,《古事记》文本被透明化,进而可以从中训读出优雅的古语和语。

为从借助"汉字"的双重他者性而宣告成立的汉字文本中"解救"出事前存在的固有古语,有必要将汉字文本透明化,即排除表记文字汉字与表记文汉文的他者性。曾训读出"古训《古事记》"的《〈古事记〉传》之所以用具有汉意批判的彻底排他意识形态的文章《直毗灵》为序,原因也在于此。"古训《古事记》"的训读只有在主张排除他者性(固有意识形态),即国学的意识形态下才能够实现。汉字文本以其数重的多义性宣告成立。如果要从中训读出单义性的语言、单义性的思想,则必须以一种同一性的理念为其指引。在本居宣长这里,这种理念便是"敷岛大和"的理念。

第三章
对他者的吸收及自我内部的融会
——汉文训读的意识形态

> 使日本人真正作为国民自觉进行国语反思的具体事实,恐怕还是在接触汉字、汉文之际发生的事情。
>
> 山田孝雄《国语学史》①

> 训读至少是日语之幸。
>
> 佐藤喜代治②《日语之精神》

一 何为"训读"?

荻生徂徕③作为开启近世文运之兴的始祖,开创了江户著名的萱园学派。太宰春台④师从徂徕,是萱园学派儒者的代表人物之

---

① 山田孝雄『国語学史』(宝文館,1943年)。
② 佐藤喜代治(1912—2003),日本国语学学者,师从山田孝雄,曾任日本东北大学教授。——译注
③ 荻生徂徕(1666—1728),日本江户中期的儒学家,萱园学派(古文辞学)创立者。提出"理"是由圣人而并非由神创立的,圣人之制随时代变迁而被篡改,因而当权者可遵照上古时代的"天理"审时度势,对现有规章制度加以改进。——译注
④ 太宰春台(1680—1747),日本江户中期的儒学家,萱园学派代表人物。通晓经世之学,精于经济学。著有《论语古训》,进一步发展了徂徕的训诂学。——译注

一，他一直追随其师，批判汉文文本的日式传统训读法，并称传统的训读对以儒家圣人之学为志向的儒生无所助益。

> 古来之训读以将汉语译成倭语为贵……既以倭训读之，用倭训者也。故中华之书，若变此方国字草子这般，虽易闻乐见，然却仅悦俗人之耳也，为学中华者之益甚少。……凡为读儒生之书，学中华之文章，明圣人之道，应不立倭歌倭文之用，略倭训，取诵读之便而记忆之。[①]

太宰春台对古来汉文读法的批判投射出以特别的读法去理解和接受汉文文本所招致的问题，即对日语解释性地阅读于日本人而言是外来语言的汉文文本隐匿的问题。春台比喻"中华之书"好似变为"国字草子"，这反映出以汉文训读法为媒介接受汉籍的方式，究竟在日本本土孕育出了什么，造成了怎样的局面。汉文训读是在吸收以佛教、儒教经典为主的汉籍的过程中，作为解释汉文的日语化读法，即作为训（"和训"）的方法发展成熟并被模式化的读法。国语学学者吉泽义则[②]就成立初期的训读状况进行了通俗易懂的说明："平安朝的汉文训读也就是如今的解释、讲义。我们今天学习英语，是先学习发音再进行释义，平安朝的汉学应该也按照这种顺序。首先音读汉字，然后进行释义。毋庸赘言，释义就是对汉文的日语转换。被转换成日语的是训读，在汉字旁做的标注成为训点。

[①] 太宰春台『和読要領』（《和读要领》），须原屋，1728年。引用时改变了表记。
[②] 吉泽义则（1876—1954），国语学学者、书法家、古典文学研究者，京都大学文学博士及教授，是汉文训点研究的开拓者之一。

训读是一种释义，训点是依据某种式样在汉字旁加注的解释。"① 在此需要注意，吉泽指出成立初期的汉文训读与音读并用，这提示我们中华汉字文明圈周边地区吸收汉文典籍的方式，即音读、训读并用的吸收（受容）方式随汉籍从朝鲜半岛东渡而来。② 不过，汉文读法被吸收初期的音读、训读并用的形式最终被摒弃，逐渐由训读统合。至江户时代，终于形成了一元化的汉文训读法。这一成立过程的大致情形是，禅林的朱子新注通过对读法的改造，取代了日本中世③由博士家传承下来的传统的堂上点训读法。室町时代，针对以往意译体和训，四书新注的读法采用了更接近汉文直译体的训读法。之后这一训读法被林罗山④继承，开创了江户时代的道春点。由于林家的社会地位，道春点同时成为江户时代汉文训读的基础。后来，道春点的和训风韵进一步得到改良，发展为（山崎）暗斋点，江户后期，继续进化为后藤（芝山）点。至此，最终形成了日本人作为先祖遗产而继承的汉文训读法。同时，这一汉文训读法在

---

① 吉泽义则『仮名交じり文の起源』(《假名混合文的起源》,『国語説鈴』收录，立命館出版部，1931年)。

② 以山田孝雄为首的国语学学者强调日本汉文训读法的独立性，但同时也不能否定其朝鲜起源说（山田『漢文訓読によりて伝へられたる語法』《汉文训读传承的语法》，宝文館，1935年)。国语学学者佐藤喜代治也有类似说法："所谓'训读法'或许是模仿朝鲜已有的方法，但将朝鲜的'悬吐'和日本的训读法相比较，日本的训读法则更为彻底。"(『日本語の精神』畝傍書房，1944年)

③ 一般指镰仓幕府成立至江户幕府成立时期。——译注

④ 林罗山（1583—1657），日本江户初期的儒学家，师从藤原惺窝。加入德川幕府的智库，参与幕府的政治，对幕府早期各种制度、礼仪、规章的制定有很大贡献。1632年，创建先圣殿，即之后的昌平阪学问所——幕府直辖的最高学府。"道春点"以其法号命名。——译注

江户中期作为检讨荻生徂徕、太宰春台的读法与二者对峙并存。①

汉文的训读在日语和文文脉下将汉文转换、训读为可以理解的日语,即将汉语改读为和语,在文章中加入送假名②、振假名③、乎古止点④或返点⑤等训点⑥,将汉文文脉转换为和文文脉。如前所述,这一读法成立之初,直读法的音读与训读并用。此时,训读是便于理解直读汉文的辅助性阅读方法。这种汉文理解的便捷式训读是一种将汉文转换为和文文脉的解释性、翻译性意读。在两种读法并存的时期,人们是应该就此有充分的意识的。后来,训

---

① 有关训读法的变化,在此止于略述。直译体的训读法——『桂庵和尚家法和訓』(《桂庵和尚家法和训》)——在室町时代由朱子新注作为经书的读法而形成,并在江户时代由林家继承,后发展为道春点,见足利衍述『鎌倉室町時代之儒教』(《镰仓室町时代的儒教》),日本古典全集刊行会,1932年。有关汉文训读史,参阅之前提到的山田孝雄『漢文訓読によりて伝へられたる語法』(《汉文训读传承的语法》)、村上雅孝『近世初期漢字文化の世界』(《近世初期汉字文化的世界》),明治书院,1998年。

② 日语词汇在汉字之后送出的假名或助词,借以判断其在句子中的成分或读音。——译注

③ 指注音假名。——译注

④ "乎古止点"主要用于平安初期至室町时代,它是汉文训读时围绕汉字四周、上下、中央标注的假名符号。奈良后期出现了返点,后又有了送假名。乎古止点之后替代了一部分送假名,是送假名"ヲコト"的万叶假名,即汉字表记。它在一个汉字的上中下左右打上"·",读者可按照乎古止点图所规定的位置判断"·"指示的日语助词或假名。——译注

⑤ 在竖书的汉文左侧加上各种符号,表明该词在句子中的先后顺序。这些符号有加在两字之间的"レ",表示颠倒两个字的顺序;表示两个字以上的顺序用"一二三点",在更长的句子中则使用"上中下点""甲乙丙点""天地人点"等,这些复杂的点被统称为"返点"。"返点"即颠倒汉文顺序的符号。——译注

⑥ 现在将"乎古止点""返点""送假名""振假名"等统称为"训点"。——译注

读独步天下，它从音读中脱离出来，或者说，音读仅被保留于佛教经典的诵读之中，训读朝着和训的道路一路前行。可以说，这是一条以训读完成的汉文和化之路。继前文所引，吉泽义则进而解释道："将点读写成假名混合文[①]应该就是与当时的口语形式完全相同的口语文。"确实，初期的意译体训读只要根据训点改写便可以转换为当时的口语。我认为假名混合文这种日文的产生与汉文文本的训读化（和训化）密不可分。[②]也就是说，从汉文的训读（和读）中诞生了和文。只有这样，才能解释《和读要领》中太宰春台为什么说通过和训，"中华之书"演变为"国字草子"。汉文的训读促成了和文的成立，这一事态包括语言与文化诸多层面亟须探索的问题。本章围绕"汉文训读"展开的探讨，也是面向这诸多层面的一个串联式的尝试。

二　训读实乃一种翻译

如前所述，汉文训读是指将汉文转换为和文的一种解释性读法。所以训读只能是一种译读。说得再详细点，训读对日语来说，是将中文这种外来语言的书面语——汉文进行日语化的读法，即一种翻译性的读法。太宰春台之师荻生徂徕一直强调，和训不过就是一种和译，但同时他还补充说，只是训读者们未能意识到这一点。

[①] 汉字与假名混合书写的文章。——译注
[②] 我在本书第二章谈过，《古事记》的汉字、汉文文本通过其训读化，使假名夹杂文的和文得以成立，而不是相反的过程。"训读作业是以汉文书写文本为前提的事后性作业。所以，训读调的语言实质是事后对书面文本进行训读的语言。"（参照本书第二章第52页起）

"我们的学者以方言读书,号曰和训,取之为训诂之义,实乃和译,且人不知其为译矣。"① 徂徕说汉文训读就是一种不自觉的翻译,是以汉文训诂的错觉来对外来语言的书面语汉文进行的译读。徂徕指出训读即译读,于是在他这里,针对以不同语言的差异性为前提来认识外来语言的相关问题便形成了一种鲜明的认识,"本土有本土的语言,中华有中华的语言"。从这种认识出发,徂徕重新思考了译文应有的形态,《译文筌蹄》的问世,意味着作为理解外来语言即中国古文的方法论——古文辞学的成立。

现在让我们沿着荻生徂徕的思路来确认,为何汉文训读是外来语言——中文的日语译读法。如果汉文训读是一种翻译,那么势必要解答这样一个问题:以翻译工作为媒介的两种语言之间存在怎样的关系。不认为翻译是不同语言之间互相往来的媒介,而将之理解为一种文化影响时,以翻译为媒介的两种语言之间一般不会存在二力平衡的关系。欧洲世界出于基督教传教士们在劣位语言文化圈布教的需要,对如何理解该地区的语言产生了浓厚的兴趣②。在此之前,翻译大都是一种周边语言圈以影响为目的、向语言优位文化体系汲取滋养的语言作业。日本人不得不训读的汉文文献、这些舶来的汉文书籍,对日本人而言曾经是优越文化的赐予或优越文化本身。徂徕以不同的语言来认识中文,但这并不意味着他认为两种语言之间存在平衡的关系。如前文所示,他不断探索着位于彼方的

---

① 荻生徂徕《译文筌蹄》(参照户川芳郎《荻生徂徕全集》第二卷,みすず書房,1974年)。
② 对处于劣势地位语言体系的关注是从近代欧洲持文明论的传教士们,即殖民主义者们,抱着文明的使命感去理解这些文明落后地区的认识中传承下来的。

"中华的语言",即中心语言的理解之道,而艰难成长的本土语言只能是一种"方言",即边缘语言。

不过,汉文训读这种翻译的特别之处在于,汉文作为外来语言的书面语,我们在将之转换到日语的语法结构中加以解释性阅读的同时,也将其意义移植过来。这种读法在日本之所以可行,与其说是由于使用了与中国共通的表记符号汉字,毋宁说是因为处于其周边的日本将这种优越的语言符号已作为文化吸收的前提予以承认。制约翻译形态的,即汉文训读这种解释性意义的转换,是汉字这一书写形式对日本来说早已成为具有压倒性文化优势的历史存在。汉文化或汉语之于日本是一种具有优越性的历史性赐予。日本语言文化形成的事后性,即以汉语言文化作为赐予性前提的事后性,与民族的尊卑感情无关,是伴随周边文化确立的不可回避的事实。所谓汉文训读就是通过具有优越性的赐予——汉文书面语——的文化影响,而以读法实现的本国语言的意义更迭,即翻译。

三 汉文训读的意识形态

山田孝雄推测汉语、汉文被接受时可能发生的情况有以下三种:"国语被汉语、汉文完全征服;汉语、汉文被国语完全征服;开启某种意义上采用汉文,某种意义上以国语处置的二者的妥协之路。不存在三种以外的任何可能性。"[①] 值得注意的是,围绕汉字、汉文被吸收的问题,山田的视角放在被征服与未被征服的国家之间支配与从属的关系上。山田认为国语最多不过是一种国家语

---

① 前引山田孝雄『国語学史』。

言，在他的语境里，对外来语言的吸收被描述为被他国支配、被他国入侵的隐喻。[①]虽然山田表示只有被他者征服、反击性征服他者、自身与他者妥协这三种选择，但以征服的隐喻来描述对外来语言的吸收，是以汉字文化作为赐予者的优越性为前提的。在山田的描述中，历史上，日本最终选择了第三条妥协之路，"今日汉文训读之方法乃一种妥协之法，其文章保存汉文原有的形式，读则以国语之章法"。山田认为汉文训读是在不丧失本国语言独立性的条件下，接受和吸收他国语言的一种妥协方式。然而，就算可以将之视为一种妥协，以不得已"保存汉文的原有形式"来读之，这是不是反而证明了外来语言书面语汉字、汉文在中国周边地域具有难以取代的压倒性优势？

　　汉文训读是一种译读，其前提便是受影响者将汉字、汉文作为优越文化的赐予，也就是说，以训读汉字、汉文的形式对日语进行的译读。但以这种训读汉文的形式进行的翻译会给训读者带来多重错误。对既有的书面语言（汉文）加以融会式训读的翻译，实际上是在事前的书面语言（汉文）的影响支配下，对事后性的译文（和文）进行的重新创作。训读作业创造了作为译文的新的书面语言（和语）。[②]也就是说，从汉文训读中诞生了和文，从汉语中产生了其训读语和语。训读既然是一种翻译，通过它完成的便是从汉文到和文的意义转移。故此，汉文训读所催生的便是重新将汉文意义转

[①] 山田孝雄将国语中的外来语言汉语视为从日本外部来的侵入者，将外来语言的日语化视为归化，用国籍来譬喻汉语问题。关于这一点，请参阅第一章。

[②] 如本章第一节所示，训读的工作本质是以事前书写文本为前提进行的事后工作。说到底是因为有了汉文文本，训读文的事后工作才能进行。

移，并封存到和文文脉之中的和文。汉文训读是一项以具有优势的书面语言（汉文）为前提，通过其意义转移而形成新的书面语言（和文）的工程。然而，训读者们并不会认为自己从事的训读工作是将具有优势的外来语言文本融会式地创作成为固有语言的文本。他们只会认为这种训读就是将汉文读成和文风罢了。这种无意识的翻译式读法，导致了一种错觉：仿佛两种语言是在一种平衡对等的关系中进行的翻译，即将彼方外来语言对等地读为此方本土语言，宛如这时恰巧存在与彼方的汉文平起平坐、对号入座的固有的和文似的。汉文训读在融会吸收外来语言汉文时，发现了和文这一自身固有的语言。这便是汉文训读的意识形态。

然而，当汉文训读者自认为自己在读彼方的汉文而实际却是将之转换为和文时，太宰春台之师荻生徂徕第一个意识到事情的本来面目：汉文训读将汉文转变为和文，或说将之读为和文的事态。下面就让我们来思考徂徕言说中具备的独特的思想立场。

四　古学的逆说

荻生徂徕引以为豪的名篇《二辨》之一《辨名》中有一章专门围绕"诚"的论述，他说"恶亦为诚"[1]。徂徕的发言以《中庸》"诚者天下之道也"为前提，充满了挑衅"诚主义"心性真实主张者的旨趣。《中庸》的第二十章第十七节[2]对"诚"有如下定义，这

---

[1] 『弁名』(《辨名》)的引用依据『荻生徂徠』(西田太一郎校注，日本思想大系 36，岩波書店，2019 年)中的训。

[2] 按照朱子《中庸章句》的分节。

也是我即将讨论的内容：

> 诚者天之道也。诚之者人之道也。诚者不勉而中，不思而得，从容中道，圣人也。诚之者，择善而固执之者也。① （《中庸章句》）

这段类比为天道自然圣人之德的"诚"，指不必勉强、不用思虑就能从容自然地到达的真实之道，也就是"生知安行"的圣人之道。"生知安行"形容道德上的心意、行为是圣人道德生而有之的本性。荻生徂徕对《中庸》围绕圣人化为本性自然的德行，即"诚"的叙述不乏反语之意：

> 言《中庸》之"生知安行"者，何为？徒为圣人之学矣。然匹夫匹妇皆有生知安行之所。如饥之则食，渴之则饮，皆不思而得，不勉而能。复生知安行也。故恶习而成性者恶亦为诚也。（前引《辨名》）

荻生徂徕说，若化为本性自然之心意、行为，即"生知安行"，是为"诚"，为何只有圣人才能做到呢？普通人的饮食行为亦发自自然本性。既然如此，这些普通人的自然本性如果不是"生知安行"还能是什么呢？化恶为本性自然的恶人，恶行亦发自自然。那

---

① 按照岛田虔次依据朱子对《中庸》的注释作的训。《大学·中庸》下（中国古典选7，朝日文库）。中国典籍原文："诚者，天之道也，诚之者，人之道也。诚者，不勉而中，不思而得，从容中道，圣人也。诚之者，择善而固执之者也。"

么,"恶亦为诚也"。徂徕的言论具有逆说的双重构造。由于圣人之德——"诚"同时亦可为恶人之"德",故以"生知安行"形容和构筑的圣人之像在他的插科打诨中被无形化解了。与此同时,徂徕将"诚"解释为"心性之诚",即"真心",这一解释充满对"穷极心性真实"的内向道德言说的反语式的批判。

可以将结晶于《辨道》《辨名》中的荻生徂徕思想言说视为一种对儒家传统说教的批判理学,它由围绕人之心性的内向语言所构筑。①"恶亦为诚也"是一种以反语方式揭示的批判立场。我们可以在徂徕的著述中随意找到类似的批判言辞。譬如《徂徕先生答问书》中的一例。收录此著作中的一封书简中,徂徕围绕向主君献身的忠诚如是说:"献身主君,弗究其由而置身于后,是今时为臣之理所至……臣属君主而无我身,如妾妇侍奉之道矣。"②奉公无须说出自己的想法,只要委身于主君,徂徕称这种臣属乃"妾妇之道",有似在嘲弄武士社会中作为谱代家臣心性的忠诚心,将这种把无我献身冠名为忠诚的武士之伦理称为"妾妇之道"。

我注意到荻生徂徕围绕构成日本心性之核心的"诚""忠诚"等心性概念发出的或反语或揶揄的言辞,正是出于他意识到了中日间不同语言之间的隔膜。这种认识是其在语言层面理解古代儒家经典《六经》之道,并以此考量他在古学或古文辞学上的追求,那么,便可以将他针对日本心性中关于"诚"的反语式言辞称为"古

---

① 有关评价荻生徂徕对于内向语言立场的儒家思想的批判,可参考拙论『先王の道は礼楽のみ』(《先王之道礼乐耳》,『江戸思想史講義』收录,岩波書店,1998 年;中译本,生活・读书・新知三联书店,2017 年)。
② 『徂徠先生答問書』(《徂徕先生问答书》)中卷(『荻生徂徠全集』1,みすず書房,1973 年),引用时有所变动。

学的逆说"。将他针对日本心性中关于"诚"的反语式的言辞视为古学的逆说,便是把这一逆说作为投向通过汉文训读在此方无意识地创造出封存于彼方中的汉文之义,却认为这是将外来语言(汉文)译读为固有语言(和文)的行为。

五 以外部创造内部的能力

1944 年,国语学学者佐藤喜代治在其镌刻历史印记的著述《日语之精神》[①]中表示出对汉文训读影响下走向成熟的日语的兴致。然而,我认为这部著作承载的历史刻印与其说是代表作者关于日语的盖棺定论,不如将之视为一部杰作。佐藤在这部著作中回顾作为外来语言文字的汉文、汉语在日本被吸收的过程时,这样说道:"日本人至今不是以固有的而是以外来的语言进行学问的思考与研究。"这番话由国学意识形态谱系中的国语学学者佐藤发出,不免令人诧异。其言下之意是,日本人未曾以日本固有的语言进行思索。若国学以言及自身固有文化的卓越性为思想的立场,那么佐藤围绕日本固有语言的认识,该如何拯救日本固有文化的卓越性呢?他继而解释道:"这不能说日本人自身不具备发展与理性表达相匹配的语言能力。若日本人缺乏这种能力,大概也无法内化外物。"他在自身文化对外来文化的吸收能力与转换能力上,即以外

[①] 前引佐藤喜代治『日本語の精神』(《日语之精神》,畝傍書房,1944 年)。在卷首佐藤写下了具有时代印记的内容:"只要语言是心的表现,国语就是国民精神的表现。"与此同时他的提示还引发了我们对日语观察视角的变化,即"现实中的日语并非只有固有纯粹的东西,它之后还历经历史的变迁与外来语的影响,要把这些联系起来看,日语真正的样子才能展现出来"。

部创造内部的能力上，发现了自家文化的卓越性。

> 看似只有接受外来之物才能促成内在的成长，但实际上是由于具备内在成长，至少是因为拥有成长的能力才能够接受外来之物。更确切地说，以接受外来之物的形式实现内在的发展。(《日语之精神》)

佐藤喜代治在内化外物的能力上发现了自身文化的优越性。但这不过是以本位文化主义的视角或民族主义的脉络捕捉"只有接受外来之物才能促成内在的成长"，即由外化内罢了。但这种叙事并非佐藤所独有。20世纪三四十年代，在日本法西斯兴盛时期建立起来的日本精神史、日本精神论言说中或多或少均有围绕外来文化、思想的影响展开的相同叙事。其中最具代表或说最为极端的例子便是大川周明在《日本两千六百年史》中关于民族精神的叙述。

> 个人之魂、民族之精神不可能生而丰富、庄严、伟大，而是通过博学、深思、笃行和包容、拥抱，并将其融入灵魂而得之，渐入伟大。为此，尼采道破伟大的真谛：伟大是"给予方向"。给予方向、指明目标是不走弯路而成就伟大灵魂的力量。具备这种力量的灵魂将一切作为丰富自己精神的营养，并据此给予一切真实的意义与价值。①

日本精神论中将由外化内理解为自身所持有的卓越的内化外物

---

① 大川周明『日本二千六百年史』(第一書房，1939年)。

的能力的类似叙事,同样发生在日语的成立上。佐藤说,日语以和训为中介吸收外来汉文、汉语,通过内化外来语言而使自身得到丰富,使日语的思维成为可能,使日本自身获得发展。"汉语在词汇、语法、音韵上成为日语,并通过成为日语丰富了日本的语言,同时丰富了日本的思想。在这一过程中,日本自身也得到了发展。"佐藤喜代治同样就汉文训读说道:"汉文训读的影响不仅没有波及固有语法,反而还遵循其本质丰富了自身的表达,使其叙述更确切,这是一种与成熟的语言相匹配的特征。"

这是以自体文化的内源性逻辑把握同外来语言、外来文化的交往。汉文训读是一种读法,它实现了将外来语言所构成的文章(汉文)转为本土语言,将外来语言转为本土语言(和文)。然而,包括佐藤喜代治在内的训读者从不认为,使用外来语言进行训读的翻译工作创造了本土语言本身,或固有语言的内部,他们仅仅把训读作业当成本土语言吸收外来语言,并借此丰富自身的过程。他们认为以他者丰富自身,以外部缔造内部,不过是自身内化外物的一种固有能力。

六 诚与"まこと"(真事、真言)

汉字词语的丰富与日语词汇的贫瘠描述出发生在两种文化比重完全失衡的不同语言之间的故事,汉文训读的译读作业不得不成为这两者之间不得不发生的文化影响乃至文化移转的作业。然而,日本国学学者们对固有文化的强烈自负以及语言的本位主义立场,使他们颠倒事实,对长篇累牍的汉文风潮展开了猛烈批判。本居宣长批判汉字语词繁多,"汉国之字甚多,冗词赘句反倒不便"[1]。他将同一词语置于各种纷繁复杂的状况之中，通过其词尾变化可多样活用的"皇国之言"评价为"生言"，从而与异国的"死语"相对置。国语学学者佐藤喜代治也称，与其说日本一语多义、语言使用的省略是语言未发达之表现，毋宁将之视为日语固有的特性。

> 日语直率明朗的性格将复杂的内容纯化后以单纯的姿态表达出来。换言之，日语不会以外在之形为形，游离于内容之外，使内容为其形所负累，而是直达事之真，即"まこと"。（《日语之精神》）

以上文字诉说着日语特性彰显的日本人尊重"まこと"的精神特性，即日语中体现了日本人厌恶语言繁杂、至"真"至纯的心性。然而，将日本人的"まこと"以超越上述意义展开描述的，正是汉语这一外来概念名词输入日语的场景。

假设存在某一概念名词，如"仁"。若其概念（心）只有对应的词，而没有人们生活中事实的存在，它便成为一种"伪说"。佐藤喜代治认为"仁"的概念只有在不论作为词语还是生活中的事实都存在的情况下，才能被称为"まこと"。[2] 本居宣长等国学学者对待汉语持有一种排斥的态度，他们认为"仁义礼智孝悌忠信"等

---

[1] 本居宣长『漢字三音考』（《汉字三音考》），『本居宣長全集』第五卷，筑摩書房，1970年。

[2] "心"既有展现于词也展现于事，也有只展现于词不展现于事的时候。在两者中都有所展现并有相应之物的时候，那就是"诚"；只展现于词不展现于事的时候为"空言"。前引『日本語の精神』第一章「固有日本語の特質」。

儒教的德行，即便在儒教本国的中国也仅仅是言辞上的"伪说"。佐藤并非像宣长们那样单纯地排斥外来的概念名词，即便如此，他还是对外来的概念名词在日语中存立的方式投以怀疑的目光。虽然汉语概念名词的移植使日本人观念的丰富与思想的复杂表达成为可能，但只要汉语概念词以音读的形式在日语中存立，那么就只能说它们仅作为词语而成立。譬如这个音读的"仁"仍然是汉语。它对日本人而言仅仅是词语而非生活中的事实，即非"まこと"。

那么作为汉语的概念名词即"まこと"这一情况又如何解释呢？首先，要将汉语概念名词进行训读。在佐藤喜代治的概念里，被加以训读意味着这个词不论在语言上还是观念上均已被自觉地对应为此固有的事实了。汉语概念名词通过这种自觉的转化行为，成为日语中确实的、以事实为支撑的概念。汉语通过训读发现了此固有的事实，同时又以现实为媒介完成日语的内部转化。某一概念名词转换为"まこと"指的便是如上过程。佐藤说"诚"是汉语概念名词转化为"まこと"最具代表性的例子，这并非谐音式的无稽之谈。

> 日本人在数目繁多的儒教德行中选择了"诚"，并将之对应为译语"まこと"，较之其他德行均施以音读，便可探知日本人对"诚"怀有一种特殊的观念。故此，新语并不会损害原有的日语词汇，反而使它更为丰富，思想更为发达。（《日语之精神》）

训读词"诚即まこと"在日本内部化的大戏中扮演了双重角色。首先，和语"まこと"作为日语扮演了汉语"诚"进行内部转

化的受体——语言内部转化的角色。于是，汉语"诚"找到了日语中的对应语"まこと"，通过训读词"诚即まこと"扮演了使日本人的固有内在心性"诚"得以成立的角色。

七　武内义雄与"诚的言说"

武内义雄①以文献批判法确立了儒家经典的研究方法，留下了斐然的成就，其代表作为《〈论语〉研究》，另有一篇名为《日本儒教》的解说文章。至当代，日本的，特别是汉学领域研究中国的学者中普遍存在严谨的文献主义经典研究与疏于抽象理论思考并存的倾向，武内也不过是其中的一员罢了。虽然两者的并存在学者们看来貌似不过是针对不同需要的现实反映，但学术权威颁布的解说式文章却对社会具有极强的影响。学术权威背景下的解说文章往往会作为大众的动向被赋予某种形态，之后再作为权威性的言说被重新建构，最后再回到大众关心的问题之中。它有时会赋予社会性言

---

① 武内义雄（1886—1966），日本东洋学者，20世纪中国京都学派最重要的中国哲学研究家之一。他将文献批判法导入中国哲学研究，强调正确解读古典的文字训诂学，兼容校勘学、目录学，主张使用历代图书目录和日本古抄本对异本源流进行严密、精善的考证。1910年，武内毕业于京都大学文科哲学史，在大阪府立图书馆工作期间兼任怀德堂讲师。1919—1921年留学中国。1928年，以论文《老子原始》取得京都大学文学博士。后赴日本东北大学任教授，开设"支那学第一（中国哲学）讲座"，后任学部主任、图书馆馆长。1942年成为帝国学士院会员。东北大学退休后成为该校名誉教授，是日本学士会会员、东宫职御用挂（为天皇讲授哲学），名古屋大学文学部的哲学讲师。1960年被授予"文化功劳者"称号。可参看『論語研究』（《〈论语〉研究》），岩波書店，1939年。——译注

说决定性的方向。武内之师内藤湖南①的文献批判方法，在《支那论》②等文中堪称代表。武内发表的解说文章《日本儒教》，同样赋予1942年的日本伦理、精神的主体性建构重要的启示，从而促成了日本思想史言说的成立。

武内义雄的《日本儒教》最初发表在《理想》杂志上，次年（1943）被岩波书店以附录的形式在《〈易〉与〈中庸〉研究》中刊发。《日本儒教》被《〈易〉与〈中庸〉研究》收录并非没有特别的理由，在这篇文章中，武内将近世的《中庸》研究，特别是《中庸》如何把握"诚"的概念作为书写的主轴。1942年这样一个特殊的年份促使武内将《中庸》的"诚"与日本古代的道德清明心相关联，完成了此著作。

> 支那近世的儒教在日本获得如此深广的接纳，但自此也开始强调忠信主义与诚主义，并由此形成了日本独特

---

① 内藤湖南（1866—1934），日本"京都支那学"创始人。最初作为新闻记者成为中国问题专家，后就任京都帝国大学（现京都大学）东洋史学讲座讲师、教授。内藤湖南关于中国历史最著名的理论是"唐宋变革期"论，后被日本历史学者所继承。他认为中国文化是东亚文化的主流，但同时应保持日本文化独立的思想，战后其《支那论》被批评助长了日本的军国主义。——译注

② 1914年内藤湖南发表『支那论』，十年后的1924年发表『新支那论』。内藤湖南于1938年将这两篇著作合并为『支那论』，一并收入『近代支那的文化生活』，由创元社发行。此前，发生了卢沟桥事变。创元社版的『支那论』面向一般大众，作为切合时势时局论，刊发后一天之内再版了十次。关于内藤湖南和他的『支那论』，请参阅拙稿『近代知と中国認識』（《现代智识与中国认识》,『近代知のアルケオロジー』[《现代智识的醇化》], 岩波书店，1996年）。

的儒教，那些被强调和阐释的部分被认为是与日本固有道德相一致的部分。宣命（诰命）被称为清明诚直之心，神皇正统记中被称为诚直之德的毕竟是"マコト"的别名。至此，"マコト"本来是无伪之心，但当它从忠信移转为诚时，无伪、无欺便不再是单纯的人间之道，而变成随顺天道了。随顺天道指顺乎自然，亦可称顺乎神。故此，便可以说《中庸》之"诚者天之道也，随顺天道即人之道也"与日本固有思想的轨迹相一致。虽历经历史的绵延曲折，但以《中庸》为中心进行的儒教阐释，自儒教的面目转变为日本之道。①

这里我大段引用《日本儒教》的结论部分是由于此段文章尽显构成武内义雄言说的全部特质。文章的重要之处在于它昭示后人：诚如日本伦理思想史恍若一部"诚"的思想史，作为构成日本伦理、精神主体性而被叙述的"诚的言说"，不过是一种以曲解为手段的虚伪的言说。特别是就我们在这里讨论的主旨而言，不能漏看武内文章以一种对近世日本儒学史的曲解为论旨的中轴得出的结论，以及其中体现的那个外来儒教日本化、内部化的逻辑。"儒教

---

① 武内义雄『日本の儒教』(《日本儒教》),『易と中庸の研究』(《〈易〉与〈中庸〉研究》附录，岩波书店，1943年)。我在早前就武内的『日本の儒教』，尤其是武内关于近世儒学《中庸》解释中有错误的部分进行了论述。见子安宣邦「「诚」と近世的知の位相」(《"诚"与近世智识的位相》,『現代思想』临时增刊『日本人の心の歴史』，青土社，1982年9月)。我的这篇论文以特辑主题"日本人的心路历程"的反语写就，本书也很早便试图在新的论旨中，就论文提及问题进行重新建构。

就这样转变为日本之道"，而成其日本化、内部化关键的就是"诚"的概念。下面让我们谨慎地剖析这一充满欺骗性的"诚的言说"。

八　儒教的日本化（一）

武内义雄的儒教日本化论在这样的逻辑下展开：至近世，由于日本"强调忠信主义与诚主义"，故而促使支那儒教"演变为日本独特的儒教"。他所谓的"忠信主义"出自对伊藤仁斋①的《论语》的理解，"诚主义"则主要来自怀德堂中井履轩等儒者的中庸观。武内分别通过仁斋与履轩推导出"忠信主义"和"诚主义"，以此来解释儒教的日本化与内部化，他是怎么做的呢？在武内的言说中，儒教日本化如何成为可能，又是以何种形态成立的呢？

首先，我们来审视作为武内义雄日本化论前提的仁斋的"忠信"概念。伊藤仁斋在《〈论语〉古义》中将孔子的"主忠信（以忠信为主）"视为"孔门学问的定法"，他说：

> 忠信为主乃孔门学问之定法也。苟不得以主忠信时，则外似而内实伪，口是而心非。难与并为仁矣。貌取仁而行有违者。后儒之徒，知持敬不知主忠信。可谓谬矣。②

---

① 伊藤仁斋（1627—1705），日本江户前期的儒学家，古义学派创始人。最初醉心朱子学，后对宋儒产生怀疑，独尊孔孟，尊《论语》为"最上至极宇宙第一书"，标榜恢复儒家经典的古义。——译注

② 伊藤仁斋『論語古義』（《〈论语〉古义》），学而第一"君子不重则不威"章的论注。选自仁斋生前最终稿本——"林本"。我对仁斋的理解请参阅『伊藤仁斎——人倫的世界の思想』（《伊藤仁斋——人伦的世界的思想》，東京大学出版会，1982 年）。

《〈论语〉古义》中还有一段与上述内容相同的说法，这里有必要一并引出。"盖天地之道存于人。人道切实于孝悌忠信者无。故曰，惟言孝悌忠信足矣。"① 由此可以判断，"忠信"乃伊藤仁斋理解《论语》的核心。仁斋在《童子问》中讨论"忠信"作为道德的根底性概念为何受到重视。

> 夫孝悌乃顺德，忠信乃实心，人若不忠信，则虽名为孝实非孝，虽名为忠实为不忠。礼仪三百威仪三千，节文度数，虽璨然可观，皆虚文末节，不足观矣。……故曰，非诚无物。忠信为行仁之基，不亦宜乎。②

确实，"忠信"是伊藤仁斋理解《论语》的核心，并且，仁斋把对他人的道德行为当作真实践行之物，在"忠信"中发现了道德最为根本的意味。仁斋抵触后世儒者的思辨性解释，同时在真实的基础上构筑"忠信"的待人关系，以道德实践为核心解读《论语》中孔子的说教。所以，用"忠信主义"去理解仁斋的立场便没有问题。"忠信主义"作为"宇宙首铭"，对重新发现了《论语》的仁斋学具有根本意义。但武内义雄通过仁斋引出"忠信主义"意欲何

---

① 引自『論語古義』学而第一，"曾子曰吾日三省"一章的论注。参照林本。这番话被认为是在以下基础上提出的："所谓论，上古之时道德兴盛而议论和缓，故言惟孝悌忠信足矣。圣人既没，道德始于衰败。道德始于衰败而议论渐盛。其势愈颓之处，则议论愈盛，道德衰败之象愈甚。人皆因议论悦者，不知其离道德已远甚矣。佛老之说，后儒之学仅此而已。"这些话出自伊藤仁斋生前最终稿本的林本，刊出的版本经伊藤东涯之手，有所修改。
② 伊藤仁斋『童子問』(《童子问》)上卷。出自前引最终稿本。

为?武内以其独创的文献批判方法追寻仁斋古义学对儒家经典批判的足迹,并概述仁斋关于《论语》第一的立场。他认为仁斋视"忠信"二字为《论语》关于孔子说教的着眼点,在此基础上,他这样解释"忠信"的意义。

> 忠,中与心字合为"忠",意为不伪内心。信,人与言字合为"信",意为不违背与人相约之事。两者在邦语中训读为"マコト",后世文献以"诚"字总括,故主忠信之事皆以诚为其旨。(《日本儒教》)

武内义雄说在日语里,"忠""信"都训读为"まこと",后世以"诚"字总括二者,故"主忠信之事皆以诚为其旨"。读到武内的文章,人们会不自觉地对他推导的结论产生某种认同。但文章还是暗含着某些吊诡之处。从武内义雄文献主义的立场出发,"忠信"是孔子在《论语》中使用的概念,至《中庸》,"诚"才作为一个被赋予更为厚重意味的概念出现。"忠信"与"诚"是在不同时代、不同思想脉络上形成的两个概念。如何关联和理解这两个概念一直是后世儒家的课题,至朱子而发展成一个围绕道德概念的重要议题。① 那么,武内如何让两个诞生于不同背景下的概念结合在一起,进而推导出上述结论呢?首先,他指出"忠信"是一个被训读为"まこと"的概念,而"诚"也读作"まこと"。由此,他推衍

---

① 有关沿袭伊藤仁斋的"主忠信",程子的理解是:"人道只在忠信。无诚则无物。"也是为这两个概念界定关系的理解。有关朱子围绕"诚"与"忠信"的议论,请参阅《朱子语类》第六卷"性理三・仁义礼智等名义"。

出"主忠信之事皆以诚为其旨"的结论。然而,"诚"即"まこと"的训读命题的成立,在武内那里犹如具有先验性的事实,是以其自明性为前提的。"诚"即"まこと"意味着儒家概念的"诚"与日本道德心性的"まこと"的同一性。这就是前引武内文章中的那个无须明示的自明性前提。仿佛这里早已存在与彼方的"诚"互为等置的"まこと"。"忠信""诚"均是"まこと"。"まこと"是人固有的道德心性。由此,他认为通过《论语》阐述"忠信主义"的伊藤仁斋在《论语》中发现了"我国民道德之精神"。武内这种理应称为富有欺骗性的国民道德论式言说,便这样成立了。

> 在《四书》中,伊藤仁斋排斥《学》《庸》二书,以《论》《孟》为本,倡导忠信主义,从支那儒教中脱却,推立出日本独特的儒教。……仁斋学是以严谨的经典批判为根基推立儒教支脉,它虽意在摆脱支那后世的阐释,回归孔子,其结果却是在《论语》中发现了我国国民道德之精神。①

使武内义雄国民道德论式虚伪言说得以成立的,便是前文提到的汉文训读的意识形态,将汉语的"诚"理所当然地训读为和语的"まこと",从而使儒家概念的"诚"与日本的道德心性"まこと"实现同一化。汉语的"诚"能够与被训读为"まこと"的和语在词语层面上等置,是由于与"诚"在事实层面相对应的"まこと"已被设置为此方的存在。于是,宣告成立的训读语"诚"即"まこと"便可以将传统的心性归于己方。武内继而指出:"虽然很难简

---

① 前引武内义雄『日本の儒教』。

单论述何为我国国民道德的根本精神，但普遍认为它便是各种诏书、宣命中常见的清明诚直之心。仁斋的'忠信主义'不外乎以诚之心行事。他在论语中发现了国民道德的基本精神，并将之置于与孔子之教同一的基调上。为此，可以说他的儒教是建立在国民道德基本精神与孔教齐同的立论之上的道德言说。"

就儒教文化受影响的情况，大概应该这样理解更为恰当：儒家"诚"的概念在此方发现了"まこと"，依据"诚"逐渐形成了新的道德心性"诚（まこと）"。然而，训读的意识形态将汉语"诚"视为和语"まこと"的同义语，并对后者的存在进行预设，由此完成了二者的等置。若"诚"等同于"まこと"，那么我国国民道德与孔教便站到了同一个基调上，于是，就可以认为伊藤仁斋在《论语》中发现了日本国民道德的根本精神。

九　儒教的日本化（二）

在18世纪大阪学问所怀德堂最为兴盛的时期，继学问中坚中井竹山①之后，竹山之弟履轩②肩负起怀德堂经学儒家典籍的研究工作。《〈论语〉逢原》《〈中庸〉逢原》等著作集中体现了履轩经书注释学的重要特色，即将关注的视角投向经书原文本与后世朱子等训诂之上的所谓"注释学的元理论"。履轩批判地剔除朱子解经等

---

① 中井竹山（1730—1804），日本江户中期的儒学家，怀德堂学主，崇尚朱子学，带来学堂全盛时代。——译注
② 中井履轩（1732—1817），中井竹山之弟，日本江户中后期的儒学家，怀德堂学主，深研经学，并不墨守朱熹理学，反映了日本朱子学从唯心向唯物主义转变的特点。——译注

后世的经典注疏后,试图发现构成经书的语言的原本形貌。于是,转向经典的训诂文本的研究视角,使得怀德堂及其周边形成了以富永仲基为代表的语言论批判的学术立场。① 履轩在《〈中庸〉逢原》中围绕如何使用"诚"字的言论亦由此而发。

> 至古昔用诚字,不轻以道理而论。论语以上应以《诗》《书》《易经》诸书为征。至子思之《中庸》,乃甚重精微,莫过于此。盖子思独旨自得是矣,弗袭古人,绝非孔门传授之言。②

以上便是中井履轩在《中庸》"诚者天之道也。诚之者人之道也"一章注释中的说法。履轩认为"诚"字在子思《中庸》使用以前意思较为轻薄,至《中庸》其意才开始变得厚重、精微。进而,履轩指出"诚"的概念是子思"独旨自得"之物,非继承孔门之概念。那么,在子思《中庸》使用"诚"的概念之前情况又如何呢?履轩围绕概念名词的使用展开了批判式分析。

> 子思之前,忠信两字,略备《中庸》诚字之义。《中庸》以后,忠信之名声价值有所减损。又有五行家,以信

---

① 有关富永仲基语言论的立场、怀德堂对《中庸》的理解以及"诚"的概念,请参阅宫川康子『富永仲基と懐徳堂』(《富永仲基与怀德堂》,ぺりかん社,1998 年)。又,有关中井履轩,请参阅拙论『近世儒者知識人の存在と知の位相』(前引『江戸思想史講義』收录)。
② 中井履轩『中庸逢原』(『日本名家四書註釈全書』,「学庸部一」,鳳出版复刻,1973 年)。

配土德，竟为一团死货。故今人轻蔑忠信，读《论语》，多失其解。庄周有言，以忠信入，以忠信出。此全《中庸》之诚字是矣。(《〈中庸〉逢原》)

中井履轩指出在子思赋予"诚"厚重的意味之前，"忠信"几乎用作"诚"之义。不过，《中庸》成立以降，相对"诚""忠信"概念的名声、价值有所降低，五行家将"信"与土德相配，致使"忠信"最终不复使用。后世失其意，所以人们阅读《论语》时便再难正确理解它。这里，履轩引庄周之言"以忠信入，以忠信出"，但这句话本身出自《列子》。孔子从卫国返回鲁国途中，遇一男子险渡瀑布。孔子问之："巧乎！有道术乎？所以能入而出者，何也？"男子对："始吾之入也，先以忠信；及吾之出也，又从以忠信。"[①] 履轩称在《列子》中出现的"忠信"与《中庸》的"诚"完全是一个意思。

这里我执意将中井履轩的说法用现代日语详细地解释，是为了让读者们多加注意履轩聚焦在经书文本"诚"字上的视线，到底具有何种性质。再有就是后世解说家的曲解是如何推衍出"儒教日本化"的结论。履轩称在《中庸》赋予"诚"重厚的意味之前，"忠信"与之后的"诚"被用作相同的意思，这源于《论语》，但其实出自《列子》，"忠信"的用法也由此被后世广泛流传。这里仅将"诚"作为"まこと"的训读的立场，其实是一种指向亘古的语言批判的立场。经书已然成为名、辞使用时必须被批判和仔细斟酌的历史素材。履轩的语言论批判立场，将焦距聚集在历史文本的言辞

---

① 『列子』,「说符第八」(小林胜人訳注，岩波文庫，岩波書店，1987年)。

使用上，或许与所谓"诚主义"的固有心性的主张早已相距甚远。

　　武内义雄追随近现代发现富永仲基的内藤湖南的脚步，学习和掌握了怀德堂语言论的批判研究方法，然而他在引用中井履轩的言论后就儒教的日本化与日本儒教的成立得出以下结论："大致可以认为，至《中庸》《论语》的'忠信'演变为'诚'而拥有了哲学的意味，仁斋的'忠信主义'嬗递为怀德堂的'诚主义'，实践原理演化成为哲学原理。……'忠信主义''诚主义'被强调，从而转化为日本独特的儒教，恐怕只能将其理解为日本抽取儒教中与其固有道德相一致的部分加以强调和阐释。"根据近世儒学的成果，即所谓固有主义的意见因势利导演绎出这一结论，可以说，武内的《日本儒教》的重要性不只在于对日本伦理思想史的奠基作用，[①] 它更大的意义在于其文章蕴含的话语结构对日本伦理思想史结构的开创性影响。这也正是我们不得不予以重新审视的内容，即以儒学为代表的中国思想的权威研究者、帝国大学支那学[②]教授武内所著的《日本儒教》围绕儒教影响的话语结构。

---

① 相良亨继承日本伦理思想史鼻祖和辻哲郎，补全和辻在儒学理解上欠缺部分的同时，在战后重新构建了日本伦理思想史。以近世儒教为中心，给相良在日本伦理思想史上的展望予以决定性启示的，是武内义雄的『日本の儒教』。相良以武内的近世儒教研究成果为中心，以固有主义的思想为基础，完好地继承了我田引水的理解。相良亨『近世の儒教思想』（《日本近世の儒教思想》，镐选書，镐書房，1966年）。

② 所谓"支那学"，指由京都大学文科系部为核心形成的，以中国古典文化及其历史发展为研究对象的学问及方法，是现在的"中国古典学"的总称。它与日本文化历史发展脉络下的传统"汉学"不同，当时吸收了西方近代，特别是德国文献学和中国清代考据学的方法，力图打破传统"汉学"体系，建立新的研究中国历史和文学的方法，具有强烈的对抗西方的意识。"二战"以后改称"中国学"。——译注

明确地将汉文当作一种外来语言，而非固有语言来认识的，是荻生徂徕。我曾评论徂徕的"恶亦为诚"这一反语式的言辞，是指向构成"诚（まこと）""真心"等回归心性真实的内在言说。我将之称为"古学的逆说"，是因为这一反语式言辞的深远含义反映出汉文训读的意识形态。所谓"汉文训读的意识形态"，是指那种面对外来语言或他者的无意识和无意识下以固有语言或自身为前提，去阅读外来语言文字的意识形态。例如把汉语"诚"置于眼前，然后找到自身与之对应的固有心性"まこと"，并将之读作"まこと"，于是认为"诚"即"まこと"。这样，固有的伦理心性"诚（まこと）"便随之建构。但此处以"诚"作为表述并不是一种象征性事态，而是日本伦理角色的核心建构。并且，这一建构正是在将"诚"与"まこと"进行同一性理解的支那学学者武内义雄言说的启示下完成的。由此，回答何为近代日本支那学的问题，便一定会指向其学术志向与学术性格的本质。[1]让我们就点到为止吧：从汉文训读的意识形态出发，支那学并没有进行批判性的自我区别。故此，也就不存在应直面的他者与外来语言。不存在他者与外来语言的主体中，同样不可能存在应反省的自我。

---

[1] 围绕近代日本的支那学与对中国的认识问题，参考前引我的论文『近代知と中国認識——「支那学」の成立をめぐって』（收录前引『近代知のアルケオロジー』）。

第四章
作为译词的现代汉语
——"伦理"概念的确立及其演变

如余等既欲为哲学士者,必讲究伦理之根本。

井上哲次郎①《伦理新说》

或虽有讲西国之道德学者……道德学仅以学士之爱好为之,弗能成为全国公共之教。

西村茂树②《日本道德论》

---

① 井上哲次郎(1855—1944),日本哲学家,东京大学教授。致力于德国观念论哲学的移植,尝试用西方哲学方法论解释儒学,提出自己的哲学主张"现象即实在"论。编纂日本第一部哲学辞典《哲学字汇》。1891年,由日本政府授意撰写《教育敕语》的解说书《敕语衍义》。1893年,发表论文《教育和宗教的冲突》,批判基督教为反日本国体之宗教。后致力于论述天皇制国家的国民道德问题。——译注

② 西村茂树(1828—1902),日本思想家、教育家。曾追随安井息轩、大槻磐溪学习儒学,追随佐九间象山、木村军太郎学习洋学。后参加福泽谕吉、森有礼的明六社,为明六社的保守派。他主张文明开化的进步性与儒教主义的保守性并存,主张"道义"下道德与政治的统一,其道德论奠定在日本儒教的基础之上,主张与西方哲学的结合,并最终被国粹主义与帝国意识形态所利用。——译注

> 在起点上,我们不过是站在《何为伦理》的问题面前。
>
> 和辻哲郎①《作为人间学的伦理学》

一 "伦理学"概念的提出

在明治时期,日本"伦理(准则)"与"伦理学"的概念一同作为"ethics"与"Ethics"②的译词在新的语义下诞生。"伦理(准则)"-"伦理学"的概念通过新译词成立,今日观之,它与"伦理"(ethic)一词是否存在于中国、日本的儒家思想的传统之中,并不具有超越选择译词的联系。译词"哲学"作为承负新语义的学术概念,与"伦理(准则)"的诞生情况相同。只是"伦理"一词早已存于儒家思想传统之中,这使它与现代日本"伦理(准则)"概念的走向密切关联起来,但它日后也带来了一定的问题。

---

① 和辻哲郎(1889—1960),日本哲学家、伦理学家、东洋文化研究专家,京都大学副教授、东京大学教授。和辻是日本第一位正式对尼采与克尔恺郭尔的存在主义展开研究的学者,为存在主义在日本的传播奠定了基础。随后和辻的志向由文学转向哲学,在对佛教艺术的探索中发现日本人的精神世界和古代文化的璀璨,并最终将学术志趣转向东方。代表作有《风土》《原始佛教的实践哲学》《伦理学》《锁国》《自传的尝试》等。——译注
② 在明治时期的日本出现的"伦理"一词是具有新译词和更新了的传统词义的二重性,详见本章第七节。而本章中出现的"ethic""ethics""Ethics"在当代中文语境中通常被译为"伦理""伦理准则""伦理学"。为使中国读者可以清楚分辨,后文中涉及这一组词的细微区别的地方,均加注英文。——译注

"伦理学""哲学"等译词在日本现代化过程中以汉语[①]建构为新的词语,被冠以"现代汉语"或"新汉语"之名。国语学学者们将这些因译词而成立的现代汉语作为研究对象,将新汉语的成立方式分为几种类型。如森冈健二将新汉语的形成分为"置换""再生转用""变形""借用""假借""自造词"。[②] 其中,"伦理学"与"形而上学"等词被当作"再生转用"形成的新汉语。根据森冈的定义,"再生转用"指既已变成废语的古语通过再生原义或转用新义实现复活,"伦理""伦理学"便是这类以新的意义在日本明治时期复活的汉语词。它们属于作为译词再生、复活的汉语词,基本上可以视为被重新构造的新词。

收录在井上哲次郎《哲学字汇》[③](增补改订,1884年版)的许

[①] 所谓"汉语"本身是将在日语中来源于中国的语义与和语相对立的说法。但特别是在明治以后,随着汉字新造词的增加,汉语在日语之中重新被定义为用汉字音读的汉字词汇。《国语辞典》中对汉字的说明是:"曾经从中国传来,后来变为日语的语言。广义上,是由汉字组成,读汉字音的语言。"(『岩波国語辞典』第三版),请参阅本书第一章。

[②] 森田健二编著『改訂近代語の成立・語彙編』(《改订现代语的成立・词汇篇》,明治書院,1991年)。所谓"置换",用新的译文来比喻就是后来的佛教用语("后生""肉身""决定""凡人"等)置换而成的方法。所谓"变形",例如"经世济民"省略后变成"经济",即变化字词顺序后创造译文的方法。"借用",文如其字,借用了《英华词典》里中文译词的方法,经该借用法形成的现代汉语尤其多。"假借"指类似把タバコ表记成"烟草",ビール表记成"麦酒"的方法。"造语"是新创造的汉语,"哲学""工学"之类的学术专业术语尤其多。

[③] 『哲学字彙』(《哲学字汇》)的初版刊发于1881年。1884年经东洋馆增补改订再次刊行(井上哲次郎、有贺长雄编著)。弗莱明(弗列冥)的《哲学辞典》(弗莱明英译伏尔泰《哲学辞典》)加入近世的新语,经翻译和编辑形成了最初的体系化的哲学用语汇集。

多哲学译语词，极为典型地体现了新汉语的复活方式。在 Ethics 被对应为"伦理学"这一译词时，同时附有"礼乐记，通于伦理。又近思录，正伦理，笃恩义"的补注。书中列举古代儒教典籍、儒家文献中的"伦理"用例时，将"伦理学"的成立列为转用的新译词。在赫伯恩（J. C. Hepburn）编撰的《和英语林集成》①中用"道德学、修身学"对译 Ethics 一词。在古代儒教用语的"伦理"框架中，"伦理学"一词被井上等赋予了 Ethics 的新义，最终确立为新译词。之后，"伦理"一词伴随新译词"伦理学"的成立重获新义，在现代日本获得再生。新译词"伦理学"的成立同时也是日本现代"伦理（准则）"概念的成立。

东京帝国大学哲学科教授井上哲次郎②——这位让新译词"伦理学"得以成立的教授，是日本第一位哲学教授。日本第一位哲学科教授的身份，意味着他同时还是现代日本新兴学院派讲坛哲学的

---

① 詹姆斯·柯蒂斯·赫伯恩（James Curtis Hepburn）编译的《和英语林集成》的初版刊发于 1867 年。在那之后 1872 年和 1886 年增补改订。此处参考后者增补改订版（赫伯恩著，《改正增補和英·英和語林集成》丸善版）。又，初版不含伦理学术语。

② 井上哲次郎在东京帝国大学哲学科毕业之后，于 1884 年被派去德国留学，1890 年回国后，遂被任命为帝国大学教授，之后作为日本哲学界的指导者占有重要地位。他致力于德国观念论哲学的日本移植，奠定了之后日本哲学的学术性质。井上担任当时新开设的东洋哲学讲座教授（1892 年），指导东洋思想中近代的哲学、哲学史（印度哲学、哲学史，支那哲学、哲学史）的重构。又将日本近世儒学重新构建为日本哲学，撰写了《日本朱子学派之哲学》《日本阳明学派之哲学》《日本古学派之哲学》三部著作。后接受日本政府委托整理"教育敕语"，出版释义性的『勅語衍義』（《敕语衍义》，1891 年），奠定了日本教养教育的基础。井上还根据国民道德论为近代日本教育界提供指导理念。

首位日语讲述者，是使用日语讲授哲学文本的第一人。于是，通过井上的日本首座讲坛，"伦理学"进入了公众的视野。这不仅是现代概念"伦理学"，同时还是现代概念"伦理（准则）"的首航。

二 青年明治哲学学者的课题

刚刚从东京帝国大学哲学科出道的青年哲学学者井上哲次郎编写了现代日本"伦理学"的第一本哲学教材并付梓发行。这部教材以《伦理新说》[①]为名，公刊于1883年。在《伦理新说》卷首有一处专门描述青年哲学学者身肩明治日本开创新"伦理学"重担的情形，其文辞激昂，读起来耐人寻味。

> 客岁中秋，天气晴朗。余难耐数日坚坐。抛书出门，取径骏台下，抵万代桥旁。偶有士农工商、车夫、马夫络绎不绝、荟萃四方，或呼号或扬卷沙尘，炎情得丧，索思簪黻，朵颐富贵利达，被一时之情欲所使役，恰如禽兽争食然。余独伫立街头，喟然叹曰：呜呼！此乃人生之常焉，丑陋何其甚哉。(《伦理新说》)

慨然走出书斋、散策于闹市的井上哲次郎，眼中尽是或追名逐

---

① 『倫理新説』(《伦理新说》) 在 1883 年由同盟書肆出版。新书本文仅为六十三页的小册子，收录在『明治文化全集』(第二十三卷思想篇) 中。另在『倫理新説』的卷末载有孟德斯鸠的『出版演说自由論』和『法論』(《论法的精神》)，以及斯宾塞的『宗教進化論』等出版预告，显示同时代学术言论界的动向。引用该书时，表记略有改动。

利或为情欲所役使而奔忙的世俗大众之相。"丑陋何其甚哉",在发出不屑的慨叹后,井上再次回到书斋"聊凭净几明窗下,漫品邺架书香",去追求伦理学的本源。但他为何要在围绕"伦理之根本"的叙述之前加入这段巷间里景呢?这大概就是《伦理新说》开场白的奇妙之处。在转身将目光投向书斋、品读东西圣贤之书的井上,再次发出了感喟,只是这时他的目光已从万代桥边的普罗大众转向了书卷中分庭抗礼的哲学诸家。

> 东洋西洋,论议弗一。大儒小儒,各自为派,诽谤师长,谩骂朋友……诡辩蜂起,遁词百出。以是真理所在,必讨寻不得。余复仰天叹曰:以万世之仪范自期者,亦与先之士农工商、车夫马夫无异。呜呼!果是人生之常焉,丑陋何其甚哉。

或许构成学问历史之内在的学者世界与"车夫马夫无异"。然而,"丑陋何其甚哉"这针对两个不同世界发出的相同慨叹不免令人产生异样之感。慨然离开巷间百姓之后回到书斋,井上哲次郎再次对书卷中的学者前辈感到无奈。他苦于既无所依循,又问无所答,只能借语言释放绝望。"问人无人知,吁天天不答,俯地呼之地不语,茫然复无所为。"他以夸张的文学修辞勾勒自己仿佛被重重疑团所包围的茫然、不知所措。这种叙述是一种作为哲学学者的反省自我的话语表达。"如余既欲为哲学学者,必探究伦理之根本",若自己已成为一名献身哲学的学者,就需要以"伦理之根本"为研究的课题。它是内在的,不,它是作为外在的命名法给予日本新哲学家们的课题。

在确认"伦理之根本"作为哲学研究命题的过程中，井上哲次郎为何要使用如此累赘的文学修辞呢？在多瑙河诺伊贝格屋中的炉火旁思索哲学原理之起点的青年笛卡尔，他用怀疑与否定一切的方法顿悟哲学的过程，可以与井上热情洋溢的开场白交相辉映。对背负明治日本哲学研究这一超乎常识与想象之义务的青年哲学学者而言，这大概是为了实现无法超越自我的自我特权化所必须显露的个体内在的过程。因为研究"伦理之根本"、确立明治日本新的"伦理学"学术体系，是帝国大学哲学科初创期日本哲学学者肩负的时代课题。过度的文辞正是具有特权性，并肩负这一艰巨课题的青年哲学学者所必需的慷慨陈词。

三 "伦理学问题"的出现

"如余既欲为哲学学者，必探究伦理之根本。"井上哲次郎对身为哲学学者的课题加以确认。大概欲为哲学之士，首先须好好探求"伦理根本"，但井上称探求"伦理之根本"非以"首倡伦理"为目的。"固非为首倡伦理求其根本。唯道理上须探查其是否乃伦理之根本者。"

井上哲次郎强调探求"伦理之根本"不是为了"首倡伦理"，其探求来自"道理之上"。伦理的实践性主张、社会性志向及其基础的奠定并非他作为探明"伦理之根本"的目标所在，他要解决的课题首先是在理论上探明"伦理之根本"。这对于日本明治时期的哲学学者不论有多么唐突，但首先不得不把自身定位在理论上探明"伦理之根本"与构建"伦理学"。作为毕业于现代日本早期帝国大学的哲学学者，这意味着势必要担当的重任。年轻的哲学学者井上以文辞丰富的卷首语告诉世人：《伦理新说》并非伦理的新的首倡，它是以"伦理之根本"的理论建树为己任的年轻的哲学学者面向新"伦理学"进行学术创设的一次试论。为此，伴随《伦理新说》的问世，新"伦理学"也在明治时期的日本诞生了。

《伦理新说》是日本最初的伦理学言说。有人这样评价道："（它）不过是对传统观念论与进化论进行调和，且因极度缺乏逻辑的统一，作为学说不值一提。"[①] 对此，我不予任何评判。只是日本最初的伦理学话语并非围绕"伦理问题"展开新的主张，而是向世人提出"伦理学的问题"，即围绕伦理学及其话语结构提出诸多问题。对井上哲次郎等人而言，首先要解决的课题并不是"伦理问题"，而是"伦理学的问题"。

在《伦理新说》中，井上哲次郎认为"伦理之根本"是哲学学者理应探究的中心问题。继而，他提出围绕人的终极目标（善）的伦理学（Ethics）的体系性问题，"非在讨论何种言行产生幸福，何种言行带来灾难。须慎思的是人何故以幸福为目标"。对明治哲学学者井上哲次郎等人而言，他们在"伦理学问题"上的首要任务是按照欧洲伦理学（Ethics）的体系性问题重新整编新日本的学术话语或教育学话语。井上哲次郎等人对新"伦理学"的构建，代表着译词"伦理学"的确立，同时还表明承担着整编学术、教育话语之重任的"伦理学"在日本的导入。"伦理学"所担负的上述命题，与"物理学""政理学""心理学""理财学""法理学"等名词一道

[①] 松崎实『倫理新説解題』（《〈伦理新说〉解题》），前引『明治文化全集』第二十三卷。

不仅成为明治日本确立的新学术制度名称①,还代表着学术制度的划分类别。明治通过翻译导入欧洲的学术概念、学科概念,实际完成的则是现代日本学术话语的构建、学科领域的划分。

四 "伦理学"的话语结构

井上圆了②(1858—1919)比井上哲次郎稍晚从帝国大学哲学科毕业,他虽以佛教哲学家的身份闻名,但他也是早期伦理学教科书的著述者之一。③圆了在1887年刊行《伦理通论》两卷,后为教科书之用将其缩减为《伦理摘要》一卷,于1891年付梓。年轻的佛教徒、哲学学者井上圆了为世人提供的是一本什么样的伦理学教科书呢?在《伦理通论》卷首《伦理学义解》一章,圆了为伦理学下了明确定义。他指出,"Ethics"的译词不可用"道德学"、"道义学"与"修身学",而只能是"伦理学"的理由。

——伦理学在西洋语中被称为"Ethics"、"Moral

---

① 这里所列的学科名称在『哲学字彙』的"绪言"中被用作区分不同学科的分类用语。
② 井上圆了作为东本愿寺的留学生进入东京帝国大学(现东京大学)哲学科,于1885年毕业。作为真宗大谷派的僧人,开展明治、大正时期的近代佛教哲学研究,给佛教界以极大的影响。后设立哲学馆(1887年,即之后的东洋大学),开设哲学书院,出版哲学书籍。他还同三宅雪岭、岛地默雷等创立政教社,创刊机关志《日本人》。
③ 明治"伦理学"作为现代日本教育体系最优先科目,尤其是师范类教育体系的基础科目导入日本,初期有关伦理学的图书几乎都为师范学校等教材而编写。在这里可以清楚看见现代国家形成时期,日本的国民教育政策的意图。

Philosophy"或"Moral science"。先前,此词被译为道德学、道义学、修身学等等,但余以伦理学概之。伦理学即"Ethics",乃论定善恶之标准、道德之规则,规范人的行为举动之学问。而余以论定为题,乃以逻辑上考定究明为其义,而非出于臆想假定其义。①

井上圆了将不探究"仁义礼让为人之道之理由"的孔孟修身之学视为"臆想假定"之说。为此,很明显,他采用"伦理学"为"Ethics"的译词,意在排斥以"臆想假定"为基础的修身说教,同时采用"论定善恶之标准、道德之规则"规范人的行为法则,以此作为伦理学的中心问题。"伦理学"一语在现代日本的学术领域,特别是教育学(师范学)领域,要按照伦理学的问题域指导教育话语体系的重新编制,它因肩负此重任而得以确立。

明治时期的日本以社会体系②的激进现代化为至上的课题,译词的成立并非在日本的文化、语言体系中抽选出与西欧用语相匹配的固有词来适应体系的构建,也并不意味着相互的知晓。如本章第一节所示,明治时期诸种概念的翻译大多是通过新汉语的创制或古语再生转用形成的,此时的翻译实际是一种新语的创造,是针对新

---

① 1887年普及社刊发『倫理通論』两卷,它由九篇一五五章构成,是自成体系的伦理学概论,也是近世伦理学史的概说性图书。在1891年哲学书院出版的伦理学教材『倫理摘要』中,井上圆了按照自己构建的伦理学体系,在卷末以"伦理思考要领"的形式提出"伦理学的定义""幸福论的种类"等问题。引用时表记有所变动。
② 对现代国民国家的形成来说,最重要的课题就是国民教育。为此,教育体系的现代化被优先推进。

鲜事物的观点与见解。所以，来自彼方西欧的诸种概念译词在明治时期的确立，是与这些概念如影随形的关于新事物的观念在此方日本的优势确立相伴发生的，也是根据这些观念进行的新话语支配体系的创制。新译词"伦理学"在传统道德说教的否定性评价之上，建构了具有优越性的新伦理学话语体系。也正因此，井上圆了对近现代欧洲伦理学说进行了再编性的介绍，并以此为基础完成了伦理学教科书的编写。他以"伦理学的定义""逻辑学与实用学之别""人的终极目的""幸福论的种类"等一系列条分缕析的"伦理的思考要领"，引导学习者把握新伦理学的话语体系。在现代学术话语的创制上不应只关注圆了自身是否是佛教徒的问题，而应关注在这一过程中佛教学自身也被现代化和重新整编，这最终使圆了成为现代佛教哲学的代表人物。

那么，明治时期的日本为何须以确立"伦理学"，即作为"Ethics"译词的"伦理学"为其首要课题呢？明治时期首先确立的并不是"伦理"而是"伦理学"，明治时的青年哲学学者直面的不是"伦理问题"而是"伦理学的问题"。从帝国大学哲学科出师不久的青年哲学学者自觉把在"伦理学"框架下构建新的学术的，继而作为教育指导的话语体系视为己任。可以说，通过话语构建，从新的"伦理学"产生了新的"伦理问题"，从现代"伦理学"的概念衍生出现代的"伦理"概念。此前已说明，圆了根据"绪论""目的论""标准论""良心论""意志论""行为论"等伦理学的内在结构，如"人若以幸福为目的时会导致何种结果"（目的论）、"自利善行可为否"（行为论）等"伦理问题"与"幸福论的种类"（目的论）等"伦理学问题"——提示出"伦理的思考要领"。新的"伦理学问题"构成了新的"伦理问题"。明治时期的现代词"伦理学"先于"伦理"成立,决定了日后日本伦理学的学术性格。但"伦理问题"不仅仅是由"伦理学"派生出来的二次元问题。当时"伦理学"既不承现现实社会产生的伦理、道德等诸种问题,也不想通过应对这些问题纠正自身学术存在形态的偏颇。①

日本现代"伦理学"概念与其自身成立承载的抽象性相冲突。与此同时,"日本道德"之国民培养的主张如峰峦叠起,俨然成为一种必然趋势。

五 "日本道德论"的提倡

明六社同人西村茂树②(1828—1902)作为决定明治初期学术、话语现代走向的指导者之一,于1886年在帝国大学作了一场关于"日本道德论"的讲演。他以"为日本国民,每一位日本国民,竭尽毕生之力讲述"为开场白,表白了自己对明治维新现代变革引发的道德虚无的暗自忧心。这种虚无几乎与被废弃的构成日本前统治阶层的道德规范的儒教同时发生。此时,西村代替儒教建立新"神儒混合教"的企图也宣告破灭,他说目前已经走到"必须复兴已被

---

① 如本章末尾所说,在将"环境问题""脑死问题"等作为人类生存本质相关的问题提出后,讲坛伦理学才算把讨论引向了对现实的关心。但讲坛伦理学本身并未回答这一问题。

② 西村茂树原出自佐仓藩,早年学习儒学,接着学习兰学、英学,参与藩政。明治维新后,于1873年参与创立明六社,同年进入文部省,参与编写教材。1876年创立修身学社,从事道德教化活动。1886年在名为"日本道德论"的演讲中提倡确立国民道德。西村把修身学社改为日本弘道会,意在普及国民道德。

废弃的儒道"的地步。

> 必须复兴已被废弃的儒道。日本中等以上人士由此失去道德根基,人心凝固力较之封建时期越加迟缓,民之道德渐萌颓败之兆。……道德一事至此,我国成为世界特殊之国。则于世界任何国家,无不是以世教(现世内的说教)或世外教维持道德,而我国独为忘失道德之标准者。①

——西村茂树面对明治时期日本统治阶层道德根底的丧失与普通民众的道德败坏而喟然长叹。日本能否因移植欧洲的"伦理学"而获救?"虽有说耶稣教者或讲西国道德学者,但耶稣教极力排击佛教者,道德学止于唯以学士之嗜好为之,不能共为全国公共之教。"西村对"唯以学士之嗜好"导衍的"西国道德学",即"伦理学(Ethics)"的抽象性批判可谓一针见血。因"伦理学"并不回应"凝聚日本国民道德的要求",亦不以此为目的,故不可能由此推导出"全国公共之教"。于是,为了实现这一目的的新的"道德论"被提上日程,这一点我后续再探讨。但是,新的"道德论"可否作为传统儒教的复兴呢?经历"旧酒换新瓶"的明治日本,不可能发生单纯传统儒教的复兴。所以,西村的视角是以创立新的"道

---

① 西村茂樹『日本道徳論』,吉田熊次校,岩波文庫,岩波書店,1935 年。1887 年,西村把 1886 年演讲的草稿整理印刷为『日本道徳論』,它在政界、各省的知识分子之间广为传播。总理大臣伊藤博文将其视为"对新政的诽谤"而加以强烈抗议。之后在公共出版物上刊登的是经过修订的第二版,岩波文库本刊行的是原版。『日本道徳論』的前因后果,体现了明治时期日本伦理学等新学科的形成与新文明国家政治的形成之间对应的关系。

德论"为目的,即折中东西诸种教说、甄别选择的视角。所谓"折中"是指针对处于优势地位的西洋文化,为保全自身文化的对等地位,站在己方的立场,建构与之互为衡准的原则,以这一折中、甄别选择的立场去实现"日本道德"之教化目的的说教,即作为"世教"的"儒道"与"西国哲学",或说构建一种在二者间取长补短的统合性说教。西村从这一视角出发,提出了"道德条目"的五点要义。

第一善我身,第二善我家,第三善我乡里,第四善我本国,第五善他国人民。

西村茂树虽称自己对"以上五条无甚可言",但在"道德条目"里所体现的《大学》的"修身,齐家,治国,平天下"的思想纲领,只是伴随建立现代国民国家课题的死灰复燃吗? 西村对东西"世教"的折中,便是要在通过凝聚国民道德、实现国家强盛的现代日本国家这一目标的框架下,以现代的逻辑和语言(西国的哲学)重构人伦道德(儒道)。"日本道德论"即日本的"国民道德论",便在这样的背景下诞生了。

六 "伦理学"与"国民道德论"

从"伦理学(Ethics)"衍生的"伦理准则(ethics)"说教是对个人行为"是好是恶,正否两论"的规范。明治初期,英国功利主义伦理学的后继者西季威克对同时代哲学学者的理论形成具有莫大的影响。他为"伦理学的方法"下了定义:"确定个人必须做什么,或通过意愿行为去力求实现正确决定的合理程序。"① 同时，他指出"个人"是将"伦理学"从"政治学"中区别开来的标志词。西季威克认为"政治学"的课题在于论定"由政府统合的社会的正确结构与公正的政府行为"。同样，井上圆了也称"政治学探讨一国政法之上的行为规则，伦理学则论及个人的行为规则"②，他以针对"个人关系"的探讨对"伦理学"与"政治学"进行了区分。对西洋哲学、伦理学有着卓越理解却英年早逝的大西祝（1864—1900）则称："伦理学是研究个人行为的学科。道德的判别是就个人行为的判别。"③ 近代的学术划分欲将"伦理问题"的固有范畴框定在现代市民社会个人行为规范的领域里。这样，"伦理学（Ethics）"便不具备回应国家道德需求而可以直接建构统合国民道德的学问的学术特性。西村茂树为回应国家的这一需求，在铸就国民道德上有所建树，他将"伦理学"搁置一旁，对传统儒家学说进行了适应现代国家需求的改造和再建。实际上，日本伦理学以回应国家需求的形式进行再建，是在经由"日本道德论"的反动式的迂回之后。

然而，在"国民道德论"框架下锻造国民教化的道德学说，并非西村茂树一人自觉的责任。它理所当然是伴随着帝国大学的伦理学教授们通过"伦理学（Ethics）"重新构建新的学术、教育话语体系

---

① 西季威克（H. Sidgwick，1838—1900）的《伦理学方法》（*The Methods of Ethics*，1874年）。
② 井上圆了『倫理通論』（普及社，1887年）。
③ 大西祝『倫理学』（『大西博士全集』，第二卷，警醒社书店，1903年）。《伦理学》以大西在早稻田大学的讲义（1891—1898年）为基础写成。大西在欧洲留学途中（1898年）因病回国。他接受了京都帝国大学组织文科学科的委托，后在养病过程中去世（1900年）。

而必须承担的国家责任。1890年颁布的《教育敕语》,实际就是国家层面将铸就"国民道德"作为必需的教育课题,下达给学校教育体系的时代任务。"伦理学"与"国民道德论"的形成是现代日本讲坛伦理学学者肩负的双重任务。帝国大学的伦理学教授或以同一口吻,或以差异口径对"伦理学(Ethics)"与"国民道德论"①这两种伦理道德话语展开叙事。于是,"伦理学"与"国民道德论"的关系便成为伦理学者与师范教育专业的学生们都难以绕开的伦理问题。②

---

① 创建明治时期日本伦理学的井上哲次郎,作为国家认定的《教育敕语》解说者撰写『勅語衍義』(《敕语衍义》,1891年),促成了国民教育主干"国民道德论"的编著(『国民道徳概論』,1912年)。之后他不仅负责帝国大学的伦理学讲座,还同时负责讲授"国民道德论"。

② 负责京都帝国大学伦理学讲座的藤井健治郎在『国民道徳論』(北文馆,1920年)中设置《国民道德与伦理学的关系》一章,专门论述二者的关系。他以生物现象及研究生物现象之产生的生物学做对比,论述作为道德现象的"国民道德",以事实和基于现象的理论来讲伦理学的关系。然而该伦理学的学术结构已包含、整合"国民道德论"。"国民道德论"通过伦理学的摄入,成为促进重建自身的强力契机。明治末年,藤井的『国民道徳論』反映了学界、教育界有关这一问题的动向。他在担任修身教员、考试文部省委员时就已提出"何为国民道德和伦理学的关系"问题。当时,已经有人解答关于"伦理学"和"国民道德论"之间是否为对抗关系的问题,他就解答者的立场进行了这样的说明:"伦理学是西洋的产物,是植根于西洋思想或学术的理论空谈,因此对我国国民实践上没有任何裨益。然而,与之相反的国民道德,很早以前就在我国历史上有迹可循,是直接的国情与贯彻的实际道理,所以原本的国民道德应该能够成为我们实践的准绳。"这种反伦理学的"国民道德论"主张,在"国民道德论"成立初期就已包含在其言说之内,道出了仿佛要求重新建构"伦理学"的国民道德论的成长史话。并且,与藤井有关的修身科教员的思考要领被认为是1909年的正式考试题目。那一年的考试既有"伦理学",也有"国民道德论"的题目。这种情况本身就能直接反映当时伦理学问题的状况。
"一、国民道德和伦理学说之间有着怎样的关系。二、将利己主义(转下页)

七 "伦理"概念的儒教再建

与西村茂树创立的"日本道德论"遥相呼应，1888年，野中准著述的《日本道德原论》^①付梓，倡导儒教主义国民（臣民）教化的元田永孚^②（1818—1891）为其作序。元田在序中称："一家有一家之道，一乡有一乡之道，何况于一国哉。夫邦国之风土为殊，事情有异，政治法律已不得而同。……尝考之，道德亦分普通与特殊二种。"将万国通用的"普遍道德"与立于一国之特殊性的"特殊道德"相对置。这种作为"特殊道德"的"日本道德论"的主张，与西村所遵循的、以现代国家的需求去创设"国民道德论"的主张相比，具有相当清晰的对抗性和保守倾向。但这仅仅是以"日本的特殊性"对"西洋的普遍性"的消极对抗，它如实地反映了具有日本现代儒家保守主义言说中包含的反动、防卫的性格。

（接上页）与利他主义进行对照然后加以批判。三、比较儒教的中庸之说和亚里士多德的中庸说。四、叙述二宫尊德的伦理学说。五、斯多亚学派的伦理学说和伊壁鸠鲁的伦理说的异同。六、对我国国民道德中的忠孝一本之理进行说明，并以此制作教案。"《文部省教员鉴定考试修身科问题集》，三浦藤作编『近代倫理学大集成』附录，中兴馆书店，1918年。

① 野中准『日本道德原論』，松成堂发行，1888年。由三条实美题词，元田永孚、重野安绎作序，它对于明治汉学派的"伦理学"明显是一种保守的对抗。

② 元田永孚师从横井小楠，明治时期的儒学学者。明治维新后的1871年在宫内省出仕，担任宫中顾问官、枢密顾问官，侍讲于明治天皇时开始撰写『幼学綱要』，并撰写了《教育敕语》草案。一生致力于以儒教教化国民。明治天皇对他十分信任，他也是宫中保守派的核心人物。

《日本道德原论》这部保守性文本之所以能够成为《教育敕语》的参照系,是由于这本著作以与"伦理(ethic)"相对置的形式重构了儒教的"伦理"概念。《日本道德原论》以《伦理第一》为上卷,同时设《伦理之说,附三亲三纲》《伦理之基本,附臣下之分》《伦理的应用》等章节。以儒教的国民(臣民)教化为目的的"日本道德论",在书中的各个章节均冠以"伦理"之名,好似在证明其现代教科书的身份。但此"伦理"非彼"伦理准则(ethics)"。《日本道德原论》的讲述者野中准在《伦理第一》的卷首述及"一家一村一郡一县一国之内,必组合之后而立之,相亲爱,相和合,仅以此各安其生。是人伦之道,所以一日不可或缺"之后,对"伦理"一词做出如下说明:

> "伦"的和训为辈(ともがら)或次第(ついで)。字书辈也、次序也。又注为道理也。总之,人间社会各立组合次第,相和亲,相保合,谓之道也。其亲和之道各有条理。因之,又谓"伦理"也。(《日本道德原论》)

在此,我们能够窥见在明治时期的日本与"伦理学(Ethics)"一同创立的"伦理准则(ethics)"一词重返儒教传统,作为新的儒教概念得到重新定义。这个以辞顺理正的"伦理"的儒教新解成立的伦理概念,并非传统概念的单纯复活。它与"伦理(ethic)"分庭抗礼,既是崭新的"伦理(人伦之道)"的概念重构,也是对"伦理"的传统词义的重构。从现代汉语的构成方式来讲,前者的"伦理准则(ethics)"是"转用"新词,后者的"伦理(人伦之道)"为"再生"新词。即便如此,这里仍然不断通过抵抗作为转用而成立的新"伦理准则"概念的抽象性，去试图实现传统"伦理"概念的再生。围绕同一"伦理"上演的意识形态的同台并立，无疑展现了日本现代通过创制现代汉语新词翻译、移植优越欧洲文化的丰富过程。在作为具有优越性的语言而成立的新译词"伦理学（Ethics）"的基底中，沉淀着等待再生复活时机的传统词"伦理（人伦之道）"。后者成为井上哲次郎等《哲学字汇》在创造新译词"伦理学"时作为参照系的古语的"伦理"。

以儒家保守主义对抗"伦理准则（ethics）"的"伦理学"概念的再生性成立，反映出与"伦理（人伦之道）"相对抗的新的"伦理学（Ethics）"的形成。新的"伦理学"是包括"国民道德论"在内的、具有社会伦理体系性质的"伦理学"。元良勇次郎（1858—1912）为明治后期社会中等教育课程所编撰的伦理学教科书，涵盖由家族伦理、社会伦理和国家伦理组成的伦理体系。他将"伦理学"定义为"究人伦之理，且研究其践行方法的学问"。[①]借此，我们可知，与被称为"人伦之道"的"伦理"概念相对置的新"伦理学"，即"究人伦之理的伦理学"已经成立。

而试图通过对作为"人伦之道"的"伦理"概念进行有意识的重设与再建，确立新的"伦理学"体系的，则是日本的著名伦理学者和辻哲郎。

[①] 创建日本学术界心理学基础的元良勇次郎负责东京帝国大学的心理学、伦理学、逻辑学讲座。他十分清楚中等教育缺少合适的伦理学课本，便以正则寻常中学的伦理学讲座内容为基础，刊发了伦理学教科书『中等教育倫理講話』（《中等教育伦理讲话》）上下卷（右文馆，1900 年）。这一伦理学的文本系统地论述了社会伦理、国家伦理。

八　对"伦理"概念的再次发问

1931年藤井健治郎^①突然辞世，同年，升任京都帝国大学伦理学讲座责任教授的和辻哲郎为岩波书店的哲学讲座写下著名的《伦理学》。1934年，和辻对这篇名为《伦理学》的论文进行了编辑、整合，将之改写为《作为人间学的伦理学》^②，在"岩波全书"丛书中刊印。^③ 与此同时，和辻被任命为东京帝国大学教授（伦理学讲座责任教授）。《和辻哲郎全集》的解说者这样解释道：《作为人间学的伦理学》的刊行成为和辻"最初登场的华丽装饰"^④。作为其伦理学体系确立的前兆，《作为人间学的伦理学》先于其主要著作《伦理学》被冠以"和辻伦理学"之大名，此书的公开刊印标志着他在学术上

---

① 藤井健治郎（1872—1931）在东京帝国大学哲学科受到井上哲次郎、中岛力造的指导。他在德国留学后成为早稻田大学的教授，1913年开始在京都帝国大学担任伦理学讲座教授。他早早确立了社会伦理学的立场，主张将"国民道德论"作为国民道德实际之学纳入伦理学。参考本章第100页注释2。
② 日文题名为『人間の学としての倫理学』，国内多将该书译为《作为人学的伦理学》，有些学者对此存疑。日文"人間"一词注重人作为社会性的本质，与西方注重个体的"人"的语义有所不同。后文子安宣邦先生也将对此展开论述：和辻哲郎从该语义出发，从人间共同体的理据视角阐释人伦之道，进而塑造现代"伦理"之概念，对抗建立在个体"人"之上的欧洲现代思想核心。故此，这里将"人間の学"译为"人间"。——译注
③ 岩波书店将它列入学问各学科领域的概念、概说"岩波全书"丛书来刊发。战前和战后这本书都作为大众的通识类书籍被广泛阅读。『人間の学としての倫理学』是岩波全书中再版最多的一本。从手边的资料来看，自1934年第一次印刷以后，1975年已是第四十七次印刷。
④ 『和辻哲郎全集』第九卷（『人間の学としての倫理学』收录，岩波書店，1962年），金子武藏解说。

开始崭露头角。这部著作与次年（1935）出版的《风土——人间学的考察》[①]同时还是他因欧洲游学（1927—1928年）勾起的乡土深情在语言上的产物。他的内心产生了对欧洲现代思想、社会原理的强烈批判意识，这成为构建"和辻伦理学"体系的有力动机。

和辻哲郎在《作为人间学的伦理学》的卷首指出，"伦理学是'何为伦理'的问题"。这句话表面上看起来为解明"伦理学"的学术本质而设定。但果真如此吗？将"伦理"概念的问题追究到底，就能使"伦理学"的学术本质一目了然吗？当然不行。和辻对"伦理"概念的诘问其实是对问题的重新设定，概念之问实为对众所周知的概念的重设。对"伦理"概念的重提与其说是为阐明"伦理学"的本质，毋庸说是一种重新构建。通过对"伦理"的重新设问，"作为人间学的伦理学"这一全新的"伦理学"获得重建。但我不想过于草率地下此结论，让我们先来仔细分析和辻对"伦理"概念的设问。

> 就出发点而言，我们只是站在"伦理是什么"的问题面前。但这个问题意味着什么？这个问题被提出来，并被作为共通的问题加以探讨，这才是唯一真实的情况。我们一直追问伦理一词蕴含的意义。这个词语并非由我们创造，也不为伦理学的学问需求而生。它同一般的语言相同，是

[①] 和辻哲郎从欧洲留学回来之后，即刻将构成《风土——人间学的考察》的各篇论文相继发表在《思想》杂志上。其中第一篇就是《风土》（1929年4月）。《风土》是带多元文化论的立场的最早的文化类型学著作。他将带有欧洲文化风土特性的地域文化进行分类，同时创造了日本固有的文化类型。

> 历史的、社会的活生生的一种表达，已先于我们的问题客观存在。于是，我们便可以自这一词语出发。"伦理"一词由支那人创造、传承给我们，这一词语在我们中间依然保持着活力。这个词语的意思是什么？在它的意义之上我们创造了什么概念？①

通过对"伦理"一词的重新追问与对重建其概念的描述，和辻哲郎向我们展示了几个重要的问题。首先，"伦理"作为应被追问的对象，它被认为是已然存在于我们生活之中的词语。正如"支那人创造、传承给我们"显示的那样，和辻指称的"我们"就是隐立在创造儒家传统，并使其流传至日本的中国人背后的现代日本人。"我们"并不是以重建现代伦理学理论为志向的一般意义上的我们，而是拥有从中国传至日本的特有的文化、语言传统的我们。作为被重新设问的"伦理"的主体，和辻自觉认识的是东洋的，特别是日本的"我们"。作为这一发问主体的"我们"，明确彰显了昭和时期建构的哲学话语的特性，这是一种自日本对欧洲现代及其思想原理进行批判的动机出发构筑的话语体系。但如果这个被重设的"伦理"在我们日本人的生活中既已存在，它一定不是明治时期形成的译词"伦理学（Ethics）"，而是译词"伦理准则（ethics）"成立时作为参照的古语的"伦理"。正如和辻解释的那样，"由支那人创造、传承给我们"。但古语"伦理"已是死语，并未"在我们中间保持着活力"，它是一个随新译词"伦理"的确立，在辞典中被作为古语遗弃的词语。所以，和辻对"伦理"一词重新设问，如同

---

① 引自『人間の学としての倫理学』（岩波全書，岩波書店，1971年）。

《日本道德原论》的讲述者通过对古语"伦理"的重新阐释使其再生的方法一样。实际上，和辻想要运用的，是我随后要提到的解释学中的重构的方法。果若如此，和辻对"伦理"的重新设问便成为在批判新译词"伦理（ethic）"时，对传统词语"伦理"的再次阐释，并以此重构新的"伦理"概念。然而，这与明治儒家保守主义的反动是不是采取了一条相同的路径？作为昭和的哲学话语，它们的不同之处在哪里？和辻是如何实现对"伦理"之问的重设的呢？

九 "伦理（ethic）"概念在解释学上的重构

和辻哲郎曾说"伦理一词由支那人创造、传承给我们，这一词语在我们中间依然保持着活力"，他认为"伦理"一词的活力在现代日本人中依然存在。然而，明治的哲学学者不是将既已成为死语的"伦理学"转用后复活为新译词"伦理（ethic）"了吗？所以，让和辻产生在我们中间仍然"保持着活力"的错觉的"伦理"，应该是伴随"伦理学（Ethics）"一词的成立被现代日本复苏的"伦理（人伦之道）"。我们以"伦理"一词为例追溯的现代日本伦理学话语的建构过程，已经清楚地证明这一点。不过和辻却说在日本人的语言生活中，并不是新译词而是传统的"伦理""依然保持着活力"。传统用语"伦理"在日本人日常生活中持续存立，它仅仅是作为解释学的阐释对象而在方法上虚构的"事实"吗？和辻称："它同一般的语言相同，是历史的、社会的活生生的表达，先于我们的问题客观存在。"

通过和辻哲郎的解释，"伦理"成为一个与其他词语一样，在人们生活中正在使用的具有生命力的词语。然而，人们在生活中使用某一词语，实际是通过这一词语表达在生活中的自我认知和相互理解。譬如"暑安"这句日语问候，它表达了人们生活在日本酷暑中的彼此理解。若使用某一词语所表达的人们生活中关于自我认知、相互理解的方式，正是这个词语的意思，那么，便可通过剖析这个词语的使用方法阐明其意。通过这样的意义阐发解释，将词语作为学术反思的对象，便是和辻所说的解释学的方法。① 如果"伦理"一词一直在生活中被人们持续地使用，就说明在"伦理"的使用方法中蕴含着这一词语塑造的人们的自我认知及生存的方式。那么，和辻是如何使用解释学的方法阐明"伦理"的意思的呢？

> 支那语"伦"字原本有"同伴"之意。……熟语"人伦"经常用作人的同伴或人类之意。……正如日语"同伴"所使用的汉字"仲间"，它一方面表示人们之中的间，另一方面表示居中、居间的人。这个解释同样适用于"伦"，且发展为"伦"的重要用法。如父子君臣夫妇被称为"人之大伦"（《孟子》），或兄弟被称为"天伦"（《公羊传》）。……这既是父子关系、君臣关系，也是这种关系中的父子君臣。不得不说，人伦意味着人间的共同体。②

---

① 和辻哲郎将从狄尔泰学来的解释学方法熔炼为伦理学方法。从"语言的表达已成为与实践性行为相关联的人类存在的表达"这一理解出发，把握以"表达"为通路的人类存在的主体存在方式。和辻认为，解释学的方法即通过人们日常生活中"表达"的"事实"，反省地把握人类存在的主体存立方式的方法。"解释学方法的要点是，对于不能直接作为学问对象的主体，通过表达这一媒介，使之成为学问的对象。"

② 前引和辻『人間の学としての倫理学』。

和辻哲郎说"伦"原本有"同伴"之意，但这仅仅是辞典上的解释。和辻继而引据儒教经典，追溯其用法，以此阐释"伦"或日文中的"仲间"应有的词义。"仲间""一方面表示人们之中的间，另一方面表示仲、间的人"，这"既是父子关系、君臣关系，也是这种关系中的父子君臣"，与儒家的"五伦"[①]相同。这一超越通常意义上的解释的深化，才是和辻解释学方法的真相。在和辻对"伦""仲间"的解释学阐释中，人因具有同伴的彼此关系而存立。同时，人也在彼此的关系即同伴中才可以为人。这里显现出对海德格尔存在论、解释学的巧妙接受，即以阐明日常用语在存在论上的意义来构筑哲学话语。与被称为"语言炼金术士"的海德格尔的情况类似，和辻仅仅是在修辞上解释语言的意思。前文已经说明和辻将"伦理"一词的使用置于生活的事实中进行讨论，其议论的前提是虚构性的。他继而通过"伦""仲间"等词解释人存在的根基，深化了对语义的阐释，但这时引据儒教经典，追溯其使用方法，不过是新"伦理学"（作为人间学的伦理学）对儒教"伦理"概念的重新建构而已。和辻对生生不息的"伦理"一词的明察深究和意义拓展的解释性工作，只能是向已经消亡的"伦理"注入新的意义，使其作为伦理学概念重生。解释学的方法，即同时代欧洲的一种哲学方法，通过对儒教"伦理"概念的重构，创建了昭和日本伦理学的话语体系。那么，"伦理"的概念是如何被重构的呢？《作为人

---

① 有关"五伦"，和辻哲郎这样说道："五伦不仅意味着五种共同体，同时也意味着五种常态，也就是意味着秩序。人伦，指人类共同体的同时，还被用作'人之道'，即'道义'的意思，是由于上述情况所致。"（前引和辻『人間の学としての倫理学』）

间学的伦理学》一书展示了重构"伦理"概念的来龙去脉:

> "伦理"一词为何意?这里加入"理"字究竟带来了多少变化?理即"条理""道理"。若与人的生活相关联,仅仅"理"一字便可具有"道义"之意。人之理即人之道。而"伦"一方面意味着人间共同体,一方面意味着这一状态下的秩序,即为人之道。故而,两个字合而成为"伦理"时没有意义的扩充。"伦"只是通过"理"强化了它包含的"道"的内涵。可以说,"伦理"与现实生活意义的"人伦"完全同义,即"伦理"意味着人间共同体存在的根本之道。……伦理作为人间共同体的存在基础,由种种共同体来实现。它是人与人之间的关系、秩序,也正因为它的存在,人与人之间的关系才成为可能。在何为伦理的问题上,似乎就是这个人间之道而别无他物。

"伦理"的概念以"人间共同体之存在根底的道义"或简约明了的"人间之道"被重新定义与构筑。重要的是,与"伦理"一同被构筑起来的还有"人间"的概念。人间被定义为"世道中的人",即构成共同体或共同关系的关系存在。"人间"概念的重构昭示作为新"人间学"的"伦理学"形成的核心。这同时也是和辻哲郎借以批判对抗建立在个体"人"之上的欧洲现代思想原理的核心。在将"伦理"的意义阐释为"人间共同体存在的根本之道"之后,和辻称,"从此意义出发,用伦理仅仅表示个人的主观道德意识甚为不妥","我们能够在上述语义上区别'伦理'的概念与主观道德意识,从而形成它的意义"。在和辻的意识里,问题的关键在于与

"伦理准则（ethics）"对抗的"伦理"概念的重构，以及从新概念"伦理（人伦的理法）"的视角去重构日本的"伦理学"。也就是说，伴随对"伦理"概念的重新发冋，解决问题的关键在于重构个人间共同体之下的"伦理学（人伦理法之学）"。当然，它与反映个人主观道德意识的"伦理学（Ethics）"正相抗衡。

明治时期的儒家保守主义者通过针砭新译词"伦理学（Ethics）"，使"伦理（人伦之道）"一词获得重生。但是，他们却将"日本道德论"与"伦理学（Ethics）"对置而论。不过，昭和的日本伦理学学者和辻哲郎则利用解释学的方法，重构了作为人间共同体（人伦）理法的"伦理"概念。与此同时，"伦理学"还使人间共同体（人伦）的理法之学得以重构。于是，在探究人伦理法的"伦理学"体系框架内，只要"国家"被规定为"人伦组织性质的人伦组织"①，是系统统合各种共同体的最高人伦体系，其"伦理学"就会成为统合"国民道德论"的国家伦理学。② 昭和日本帝国大学的伦理学教授在讲坛上不可能讲述"伦理学（Ethics）"与"国民道德论"两种不同的伦理学学说，他讲述的只能是这个国家伦理学层面的"伦理学（人伦理法之学）"。

---

① 和辻哲郎的『倫理学』中卷（第三章「人倫的組織」，1942 年）进行了从家庭到国家的人伦组织的考察。他认为国家以下的人间共同体是存在个人性格的人伦态。国家包含自我之中一切个人的人伦态，是转变为"公"的最高的人伦态。

② 在伦理学史上，和辻哲郎并不是将"国民道德论"纳入重新构建"伦理学"的第一人。元良勇次郎从家庭伦理到社会伦理、国家伦理，系统地讲解了"伦理学"（参照 103 页注 1）。京都帝大和辻的前任藤井健治郎一面将伦理学当作社会学的道德事实之学，一面将"国民道德论"纳入作为国民道德事实的学问之中（参考 100 页注 2）。

近代日本学术制度名称——"伦理学",作为 Ethics 的译词,通过转用和再生儒家古典用语"伦理"的概念,促成了这一新汉语的成立。新译词"伦理学"一告成立便预示"伦理学"与"伦理"概念在现代日本不得不被接受的宿命。"伦理学"这一译词起初试图压抑文字表记承载的汉语的表意性,即儒家概念的含义,仅仅将它作为全新的 Ethics 的能指去确立。然而,新译词却在难以消解其表意性的汉字的助推下被重建。汉语在古代日本留下导入大陆文明的深刻烙印,转而又在日语中作为构成书面日语最重要的契机,得以延存至今。在日语中"汉语"的称谓留下了强烈的他者性印记,同时它又时刻活在其中。在创制明治新日本时,汉语起到了导入和移植现代欧洲文明的语言媒介的作用。明治时期,创造了大量带有他者性的"新汉语"。这些作为新造词登上历史舞台的汉语词汇的所指,正是现代欧洲的文明社会。但新译词"伦理学"同样压抑了传统的儒家概念,将其指向遥不可及的西欧文明社会,同时又因自身是担负着以现代伦理学的话语体系重建新日本的"伦理问题"的责任宣告成立。所以,"伦理问题"应该是与现代市民社会的伦理形成息息相关的问题。

然而,译词"伦理学(Ethics)"在成立之初便遭到强烈的打压。在难以应对重整国民道德课题的"伦理学(Ethics)"面前,"日本道德论"被推至前台。"日本道德论"试图通过重铸道德传统,去回应培养"国民道德"的呼唤。于是,针对重建传统的新生译词"伦理(ethic)",便有了传统词语"伦理(人伦之道)"的再生、复活。这好比给压抑在新汉语"伦理"底层隐微处的旧汉语"伦理"以反弹、复活的机会。而以同一时代的世界哲学方法——解释学拉开这部复活大剧,赋予其哲学表达的,正是昭和时期日本的伦理学学者和辻哲郎。他将"伦理"一词作为日本人语言生活中仍然具有顽强生命力的词语，解读为人间共同体的存立理法，即将"伦理"的意义定位在"人伦理法"之中，并在此基础上构筑作为"人伦理法之学"的新"伦理学"。我们只能将和辻通过解释学的方法对"伦理"的意义建构，理解为传统"伦理"概念在方法上的重构，是在旧汉语"伦理"中寻觅形影相随的他者的痕迹，同时将其一并铲除，随后又将其视为己物，从而完成新概念"伦理"的重构。和辻的昭和"伦理学"以批判的姿态，以对抗强调个体的"人"的"伦理学（Ethics）"为核心，在消解了新的"伦理（ethic）"概念的基础上，形成了以共同体"人间"为面貌的"人间"之学。

"伦理"一词所展现的现代日本"伦理学"的学术转换大剧，只能是部大写的"伦理学"剧作。所谓大写的"伦理学"，即仅仅将"伦理问题"列为一己之学的副产品，或是只能由自己才能生产的伦理学。不论是"伦理学（Ethics）"，还是"伦理学（人伦理法之学）"，都是在学术上直接回应现代国家日本之需要的伦理学。即便自己能够提出伦理的问题并规范解决的方式、方法，但它们也绝不可能直面社会伦理、道德的问题，只能是无源之水、无本之木。即将逝去的20世纪无疑就是这部大写的"伦理学"大剧的历史舞台。在新旧世纪交替之际，"伦理学"终于能够与深刻的社会伦理问题发生激烈的冲撞。它们是有着20世纪印记的国家与战争、遗传工程、环境破坏、核等一系列问题。若不能够对构成了大写的"伦理学"的基本框架加以重新审视，恐怕难以真正回应这些与人类生存之根本密切相关的问题。"伦理"概念的导入、批判、重构，这一超越现代日本学术史的伦理学的形成，也无非是在回应这些问题，并体现在我们的行动之中。

第五章
汉字与"国语的事实"
——时枝诚记"语言过程说"的成立

> 回顾日语的过去与现在,一个摆在眼前的莫大的事实,无论如何都是国语受到了汉字、汉语的绝对影响。
>
> 时枝诚记①《国语学之道》

一 新归朝者的感想

1929年8月,时枝诚记结束一年半的欧洲留学回国。在随后的9月,时枝与接任上田万年的东京帝大国语研究室讲座负责人职务的桥本进吉会合,共同举办了题为"提倡新国语学"的对谈。② 时枝因滞留欧洲而具有的语言体验,使他对国语研究的问题与方法展开与前人不同的思考。

> 国语学的问题与方法,不必什么都追随西洋语言学的

---

① 时枝诚记(1900—1967),日本语言学家,历任日本的殖民地朝鲜京城帝国大学助教授、教授,东京大学教授。提出"语言过程说",并以此为基础建立了日语独特的语法体系。——译注
② 1929年9月26日举办的东京大学国语研究室学术会议上的谈话。时枝诚记"东京大学国语研究室会议上与上田万年、桥本进吉两先生对谈(以下简称"国语研究室对谈")"(『国語学への道』收录,三省堂,1957年)。

脚步。与其如此,不如更多地去直视国语的事实,在其中发现思考问题的方法。移植西洋语言学的问题与方法,以此规范国语学的启蒙时代似乎已经过去。①

20世纪20年代,时枝诚记等人留学欧洲,确实与前辈具有相异的背景。他们从本国第一代留学欧洲的先辈那里已经习得西欧现代的学问方法。多年以后,时枝回忆大学时代自己听上田万年的国语学、语言学课程时那种无比新鲜的感受。接受上田教诲的时枝说:"上田曾教导我们国语学与泰西现代科学的关联,研究国语学、语言学为何需要研究人类学、生理学、解剖学、音声学,乃至心理学、伦理学、哲学。那时的我对国语学、语言学茫然无知。"② 时枝谨禀上田的教导,学习了桑田芳藏的民族心理学、鸟居龙藏的人类学课程,并记录了他的读书感想。这说明年轻的时枝通过大学学习基本接受了作为现代科学的语言学以及周边学科的影响。对时枝等青年学子而言,在欧洲留学意味着站在现代诸学科的孕育之地,远离故国日本,去反省脱胎于西欧的科学的机会。这里的反省指主动将掌握到的西欧现代学科语言学与作为适用对象的本国——日本关联起来进行思考。归国后不久,国语研究室举办的时枝与两先生的对谈,表明的正是站在反省立场上的全新的对待国语学的态度。

置身欧洲,时枝诚记不禁痛切地感受到,在欧洲现代语言学的直接影响下创立起来的现代日本语言学、国语学与"国语的事实"之间的背离。但日本语言学、国语学学者并未领会到这种背离。或

---

① 前引时枝诚记"国语研究室对谈"。
② 前引时枝诚记"国语研究室对谈"。

许正因为他们将目光从这种背离中移开,才使语言学或国语学得以形成。时枝不无反省地说道:"过去我们过于忽略正视国语的事实本身,忘记从事实凝练理论,一味地用拿来的理论去限定事实。"大概只有正视"国语的事实",才能用自身的理论与方法创立新的国语学。这便是对谈中时枝显示的决心。那么,时枝说的需要正视的"国语的事实"是什么呢?

二 国语的事实

现代日本语言学、国语学学者一直不愿直视的"国语的事实",其实就是汉字、汉语对国语产生决定性影响的事实,即本土语言日语接受了中文这种外来语言——汉字、汉语——的决定性影响的事实。时枝诚记这样描述道:

> 对我国国语学而言,什么是最为重要的事实?进而,什么成为最紧要的问题?通览日语的过去与现在,重要的事实莫过于国语接受了汉字、汉语的绝对影响。若能谦虚坦荡一点,不论是谁都能轻易地意识到这一点。与其说这是已被公认的事实,不如说在更为久远的年代,国语与支那语之间持久拥有的那种亲近的关系是国语与朝鲜语之间的关系所无法比拟的——虽然朝鲜语与国语极为相似且互为亲属语言。我会将这一平凡却显著的事实,作为国语学十分重要且是关注焦点,却在西洋语言学中十分罕见的问题加以对待。①

---

① 前引时枝诚记"国语研究室对谈"。

作为语言学家，时枝诚记所必须面对的与日语密切关联的"国语的事实"是指"国语接受了汉字、汉语的绝对影响"。这里我们无论如何不能遗漏时枝谈汉字、汉语对国语的影响时使用的"绝对"一词。时枝称汉字、汉语的流入对国语并不是泛泛之功，而是绝对的存在，其影响是绝对的，"可以想象，体系完全不同的语言要素介入我国国语的要素之中，这不属于单纯的外来语的侵入，因为它动摇了国语中最为重要的本质的部分"。汉字、汉语之于国语的绝对影响是指汉字、汉语撼动了国语语言结构中最为本质的部分。时枝说它的影响并非"外来语的侵入"，则可以理解为大多数国语学学者对汉字、汉语影响的认识仅仅停留在这种程度。

加上早期对汉语问题的学术考察，山田孝雄将汉语在国语中所占有的位置与数量的重要性以及自身关注的研究焦点，都归纳在其著作《国语中的汉语研究》（1940 年）中。[①] 他的主要研究兴趣在于探讨有关"汉语是如何侵入我们的国语，哪些方面被移植进来，从什么时代开始了移植，在国语中占有何种地位，其势力达到什么程度"[②]。不论山田多么深刻地认识到汉语在国语中地位与占比的重要性，他也只是将汉语作为外来侵入者来看待，完全没有认识到汉语对国语的本质部分产生了影响。而一般的国语学学者就汉语问题的认识更是达不到山田的程度。可以说，正是这些国语学学者压抑了对汉字、汉语问题的关注，以单一国家的语言观来构造了日语。

[①] 有关山田孝雄的汉语研究，请参阅本书第一章，以及『国語の中に於ける漢語の研究』（《国语中的汉语研究》，宝文館，1940 年）中整理的山田的汉语研究。1931 年，东京帝国大学将之编辑为讲义（同书序）。

[②] 前引山田孝雄『国語の中に於ける漢語の研究』（1958 年订正再版）。

如此看来，能强调汉字、汉语对国语产生了绝对影响的时枝，无论如何都是这个时代特立独行的国语认知者。

那么，时枝诚记是如何认识汉字、汉语影响的绝对性与本质性的呢？在1929年9月举办的对谈中，依据"从真假名创造出平假名、片假名，根据汉字结构的规律创造出和字的事实"，时枝只是说，"能够泾渭分明地判断汉字、汉语以何等优势侵入我们的国语之中"。大概时枝洞察到汉字、汉语从表记法到语法规则的构成对日语所产生的影响，而做出绝对性影响的评判。之后我还将详细讨论，时枝确立了语言过程说这一国语学的新理论立场后，将关注的焦点极大地聚集在因使用作为日语表达功能的汉字而促成假名诞生，进而导致书写时汉字与假名分开使用的情况。时枝指出，汉字与假名分开书写，这一书写规律的形成，意味着问题已超出文字用字法，变为日语语法和日语句子结构规则的相关问题。[①]

称汉字、汉语对国语产生了绝对影响的时枝，面对国语的现实，强调新国语学的必要性。他指出在国语的事实面前，以往由西洋语言学构成的国语学在方法上的无力，这源于西洋语言学"常常追溯类缘性、亲近性上的法则来创造某一学问的体系"。与此相反，时枝等国语学学者必须正视的则是"日语接触的支那语来自一个体系不同的语言系统"。日语同来自完全不同体系的语言——中文接触，时枝强调这一国语的事实，呼唤着一种全新的国语学的建立，它并非直接输自西洋。这也就是说新国语学的创立必须要正视与确立日本本土语言深切相关的不同语言文字的他者性。

[①] 『国語学原論』第二篇「各論」之二「文字論」（岩波書店，1941年）。

三 新国语学的抱负与挫折

在东京帝大国语研究室座谈会上，时枝诚记表明了建立新国语学的决心之后，回到东京帝国大学国语研究室执教。1930年，他设置了新学期的讲义题目——"基于汉字、汉语输入的国语学诸问题"。讲义由一篇绪论和三篇本论组成。在《绪论》中时枝提出了以下问题：

第一，该问题的研究意义

第二，语言分类与日支两国国语在分类上的地位

第三，日支两国国语的特质与接触的意义

第四，日支交流史：Ⅰ.汉字、汉语的传入；Ⅱ.典籍的传入与汉字、汉语的学习

第五，日本汉文学史与该问题的关系

第六，国语学与该问题的关系

第七，国语史与该问题的关系[①]

通过《绪论》的问题设置，时枝诚记的雄心昭然若揭。本论的三篇标题分别为：第一篇"对国语学的影响"，第二篇"对国语的影响"，第三篇"从国语政策看汉字、汉语"。时枝这样描述讲义中体现的理论研究依据："离开西洋语言学，从国语自身的现象中寻求国语学的方法及问题……这不仅是语言学得以立足的真正的科学精

[①] 时枝诚记『漢字漢語の摂取に基づく国語上の諸問題』（《基于汉字、汉语输入的国语诸问题》），『国語学への道』收录。

神，也是忠实于这一科学精神的做法。"时枝旨在通过密集聚焦国语现象，使国语学作为真正的语言学获得重生。他称对国语现象的凝视势必会为"使明治以前未完成的国语研究成为今后国语学的起点"提供理论根据。也就是说，廓清汉字、汉语在国语的现实痕迹，以这一视角重新解读历史上重叠累致的关于国语的语言自觉，而使国语学史迈出形成新的国语学研究的第一步，并提供正当的理论依据。

只可惜在1930年新学期展开的宏图伟略在次年便告中断。就讲座中止的理由，时枝诚记解释道："一是问题难度过大；二是……因为于我而言必须首要解决的有关语言本质的问题尚未解决。"时枝站在正视"国语的事实"的立场，将国语中汉字、汉语的存在看作对国语具有本质意义的事实，他在构建全新的国语学的远大抱负下所展开的研究工作，被收录在其集大成的著作《国语学史》的数篇国语学史上的论文中，之后，他的研究遭遇了巨大的挫折。[①]在"国语的事实"的历史长河里寻觅民族语言自觉的轨迹，以此形成新国语学的路径，显然并非一条康庄大道。时枝总结挫败的两条理由道清了讲义或研究计划中断的内情。他认识到研究计划难以持续是因为

---

① 时枝诚记的『国語学史』在1940年由岩波书店刊发，直到该讲义中断时，有关国语学史问题的论文有『鈴木朖の国語学史上における位置』(《铃木朖在国语学史上的位置》，1927年)，『本居宣長及び富士谷成章のてにをは研究に就いて』(《本居宣长与富士谷成章就此问题的研究》，1928年)，『古典註釈に現れた語学的方法 特に万葉集仙覚抄に於ける』(《古典注释中体现的语学方法——以〈万叶集〉〈仙觉抄〉为中心》，1931年)，『万葉用字法の体系の組織に就いて』(《万叶用字法体系》，1932年)，『契沖の文献学の発展と仮名遣説の成長及びその交渉について』(《契冲的文献学发展与假名遣说之成长及其关系》，1932年)，均为『国語学史』(1932年)收录。来自『著述目録』(载于『国語学史』)。

他还同时发现"语言的本质"问题尚未解决,只有将研究路径转向解决"语言的本质"这一问题,才能通达新的国语学之路。

其实,早在东京帝大国文学科学习期间,时枝诚记便立志要解决"语言的本质"这一至1930年仍令他感到棘手的问题。多年后,他在关东大地震的复兴浪潮中回忆为何要立志探究"语言的本质"时称,这是20世纪20年代初欧洲大战后年轻的国语学学生们念念在兹的学术兴趣。1922年至1925年,正值时枝在东大国文科学习的时期,他说:"这个时代不禁让人感受到欧洲大战后国民自觉运动浪潮蜂拥而至,国语学、国文学的复兴思潮方兴未艾。"

> 大正十二年(1923)九月发生在帝都的东京大地震,几乎将学问的宝藏化为乌有。然而,复兴之声不绝于耳,它不仅发生在都市重新规划、高层建筑设计的领域。校本《万叶集》校正、印刷、付梓计划启动,古籍保护协会全力以赴影印珍贵典籍,《国语与国文学》作为这个学科的第一份专业杂志诞生,等等,这些对当时还是学生的我无疑令人忭跃,是一种鼓舞。……身处百废待兴之势中,我抛弃一切细枝末节的研究,转向思索学问上最根本的问题。那便是横亘在国语研究根本之上的"何为语言的本质"的问题。[1]

这篇宝贵的文献记录了时枝诚记作为一名现代国语学学者,立志创立新国语学以及当时的时代背景与气运。同时,这篇文章还宣告"何为语言的本质"是时枝发现并不懈追求的"国语研究的根本"

---

[1] 根据前引『国語学史』1940年4月「序言」中的回想。

问题。1932 年，时枝负责东京帝国大学的国语学讲座，他再次想起学生时代关于"何为语言的本质"的问题，并感受到问题的紧迫性。

四 "语言过程说"的成立

1932 年，在东京帝大国语学的教室里，时枝诚记不禁回想起有关"语言的本质"的问题。这个问题是他作为国语学学者在重要研究的时点上被重新提出的问题，并非学生时代的问题的简单复现。正如前文所示，时枝作为一名国语学学者，其重要的研究历程便是将汉字、汉语在国语中的存在视为决定性的"国语的事实"，并以此为起点创建新国语学的治学之路。"何为语言的本质"是他在研究被迫中断时重新提起的问题。若可以这样理解，回答"何为语言的本质"的问题，便必须是从正视"国语的事实"为起点的国语史的研究工作转向语言本质论的基底，加以重新认识，并以此为重塑新国语学的路径。

1937 年，时枝诚记在《文学》杂志上发表《作为心理过程的语言本质观》一文。这篇论文以"语言过程说"第一次回答了"何为语言的本质"的问题。他以沉雄悲壮的言辞来描述自己以此开启构建国语学的工作，"决堤之水汹涌而来，我自感到除急流勇进外绝无生还之道"[①]。他还用饱含激情或曰夸张的言辞修饰自己创作《国语学原论》（1941 年）时奋斗的身姿，如同"缠裹上尸袋的奋进的狮子"。然而，时枝为何要如此悲壮？是因为他选择了一条单枪匹马、孤军奋战的道路吗？

---

① 时枝诚记"語言観的任务与『国語学原論』的成立"，收录于『国語学への道』。

此时，时枝诚记欲将"语言的本质"理解为一种"心理的过程"。① 他认为语言的本质存在于以语言主体的表达意识为前提的语言表达过程中，这便是著名的"语言过程说"。不过，众所周知，时枝的语言过程说是在批判索绪尔②的基础上建立起来的。1928年，小林英夫③先于其他国家将索绪尔的《普通语言学教程》（1916年）翻译出版，当时名为《索绪尔语言学原论》。为此，身为小林在东京帝国大学同僚的时枝，很早便接触到索绪尔的语言学。只是，他把索绪尔作为形成他个人对语言学的理解的否定性媒介。时枝一直对当时在直接输入欧洲语言学的基础上形成的国语学持有一种批判态度。他通过小林接触到被最先译介的索绪尔语言学，但他对此同样抱有一种批判的视角。在《作为心理过程的语言本质观》中，他

---

① 时枝诚记『心的過程としての言語本質観』（《作为心理过程的语言本质观》），『文学』1937年6月、7月号登载，后收录于『言語本質論』（《语言本质论》）。本稿中的引文来源于同书收录的内容。这篇论文被认为是《国语学原论》的灵魂内容。

② 费尔迪南·德·索绪尔（1857—1913），瑞士语言学家，结构主义创始人，现代语言学理论奠基人。1881年起，索绪尔在巴黎的高等应用学院教了十年古代语言和历史语言学。1891年，他回到日内瓦大学教授印欧系古代语言和历史比较课程。从1907年开始，他先后三次讲授"普通语言学"课程，每次内容都不尽相同，且未将之完成为一部著作。索绪尔去世后，他的两个学生巴利（Ch.Bally）和薛施霭（Albert Sechehaye）收集听课笔记，整理出《普通语言学教程》，于1916年出版，后人不断对该书进行考证、注释。此书被译为多种语言，并开启了语言整体结构的研究，是语言学史的经典之作。——译注

③ 小林英夫（1905—1978），日本语言学家。自1929年起先后任教于东京大学、东京工业大学、名古屋大学、早稻田大学。自东京工业大学退休后成为该校名誉教授。小林是日本普通语言学学派的中坚人物，1967年创办日本罗曼语言学会，在文体论、文体美学上颇有建树。——译注

这样展开自己的论述："以下我阐述的内容将我就国语实证研究得出的语言理论与索绪尔的语言理论相对照，索绪尔的语言理论为我正论的反命题，以此展开论述并组织我的想法。"显然，在时枝这里，索绪尔的语言理论作为反命题构成了其正论——时枝语言论——成立的前提。也就是说，时枝的语言过程说只有将索绪尔的语言理论作为一种语言结构论的对象，即作为自身的反命题，在正反观照的结构中建构自身时才能够成立。

五　索绪尔与否定性的语言像

以被索绪尔新发现的相关原始资料重读和解构既有的索绪尔语言观，这种解体性的阐释工作促成了我们对在索绪尔的早期认识基础上发展形成的 20 世纪语言论谱系进行重新思考与评价。此时，我并不想就时枝诚记建立在二重乃至三重误读基础上的索绪尔批判的真伪争论不休。与其如此，我认为更必要的是理清时枝对索绪尔的批判与否定是如何被塑造出来，他如何通过构筑其否定性去阐述自己的语言观。这是难以避免的历史误读，还是人为、刻意的多重曲解？时枝在语言论层面究竟推衍出了什么？

首先我想说明的是，时枝诚记的"语言"概念是以聚合形式对索绪尔"语言"（langue）概念的批判性重构。时枝针对索绪尔的"语言"（langue）概念的否定性语言像看起来几乎是建立在对它的刻意误读之上。"言语活动"（language）意味着人类用语言代表的符号进行的标志化活动，索绪尔的语言与言语活动有着明显的区别。语言（langue）指作为言语活动（language）的人类语言的符号性活动，在各自的社会中作为特定的语言被实现的内容，语言中与"语言"（langue）一词对应的部分也仅限于此。然而，丸山圭三郎[①]则认为从言语活动（language）中区别出来的索绪尔的语言（langue），是诸语言共同体使用的花样繁多的"国语体"。[②]索绪尔《教程》的首译者小林英夫将 langue 译为"言語"（语言），将 language 译为"言語活動"（言语活动）[③]。沿着小林的译介追寻索绪尔的时枝这样理解与"言語活動"相对应的"言語"。"言語"是索绪尔从人类的"言語活動"（language）中作为认识对象切取的"自成一体的单位要素"。在这种理解之下，语言被时枝构建为构成批判索绪尔核心的否定性"言語"概念。下面，让我们回到小林的译文中，看看这段给时枝带来上述"言語"概念的解释性重构的文字。

> 语言是什么？按照约定俗成的解释，它与言语活动不同，它不过是后者的一部分，尤其是最为本质的部分。是言语活动能力的社会产物，同时也是允许个人行使此能力的社会团体采用的必要制约的总体。概观之，言语活动是多样且性质混合的。……那是由于它不能被归入人类事象的任何部类之中，也不知如何推导其单位。[④]

---

① 丸山圭三郎（1933—1993），日本法语学家，哲学家。曾任国际基督教大学副教授、中央大学教授。日本索绪尔语言学研究权威，并由此形成独特的"丸山语言哲学"。——译注
② 丸山圭三郎『ソシュールの思想』(《索绪尔的思想》)，岩波书店，1981 年。
③ "言語""言語活動"均为日语原文。后同。
④ 本应引用小林英夫的译本『言語学原論』(《语言学原论》)，冈书院，1928 年，但由于参考不便，不得已确认时枝的引文后，参阅了修订版的『言語学原論』(岩波书店，1940 年)。时枝诚记引用的也是后者。

基于"言語活動"不同于"言語"的混合多样的特质，索绪尔称，"与此相反，语言自成一体，成其分类原理"。"语言自成一体"是一种只有同语言活动（language）相区别时才成立的对语言特质的界定，时枝诚记将这种区别视为从性质混合的"言语活动"中切取出的"言語"（语言）。如此一来，他便建立起在索绪尔那里宣告成立的作为语言学认识对象的一体的"言語"（语言）概念。加之时代的限制，不可避免地导致了对索绪尔的误读，于是时枝将索绪尔的"语言"概念重构为一体的"单位要素"。"语言符号并不是物与名的联结，而是概念与音响形象的结合"，"语言符号是具有两面性的心理实体。……这两个要素（概念与音响形象）相互联结，互为呼应"。"我们将概念与音响形象的结合称为符号（signe）"。① 这里即便对照小林英夫的译文也可知晓索绪尔有关"概念与音响形象"的结合，是对语言符号而言的，并不是针对语言来说。前文已说明，索绪尔将语言符号所产生的人类特有的标志性活动定义为语言活动，在概念（思想）与音响形象（声音）这对犹如一枚树叶的正反两面、联结为一体的关系之中把握语言符号的特质。他在所指和能指这对表里一体的关系中，重新认识这一概念与音响形象。不过，在原著《普通语言学教程》中，编者已将作为概念与音响形象结合关系的语言符号与语言混同在一起进行表述②。然而，时枝却刻意跳出这种混同，将之作为概念与音响形象结合为一体的单位，去

---

① 前引小林英夫『言語学原論』第一篇第一章「言語記号の性質」(《语言符号的性质》)。
② 丸山圭三郎『ソシュールを読む』(《读索绪尔》) 第二讲「『講義』と原資料」(《〈讲义〉与原始资料》)，岩波書店，1983 年。

重塑索绪尔的"语言"概念。这样一来，在时枝那里，"自成一体的单位要素"就顺理成章地成为必须要被否定的索绪尔的结构主义的语言像。

这里，我依据时枝诚记的理解还原了他构筑索绪尔否定性语言像的过程。而促使他去构筑这一否定性的索绪尔语言像的，正是前文提到的青年时枝构建新国语学的梦想。时枝建构新国语学的热望，来自他对在现代欧洲语言学直接影响下形成的既有现代国语学的批判。结构主义语言观是时枝批判视角下发现的否定性语言观。时枝寻求在索绪尔对言语活动的分析中"自成一体的单位要素"，在论述"言語"作为一体化的单位而被提取之后，时枝表态道："这一意图表明早在考察对象以前，（索绪尔）就已经按照自然科学的结构观对语言对象加以审视了。"他认为贯穿索绪尔语言学始终的是自然科学的结构观，①并且，这种结构主义语言观的破绽，早已潜伏在寻求结构单位的"言語"概念之中。

六 从"结构"到"过程"的转变

索绪尔结构主义语言观将概念与音响形象结合而成的单位性"语言"视为可分析抽取的主体，时枝诚记通过对索绪尔的批判性

---

① 时枝诚记对索绪尔结构主义语言观的批判在『国語学原論』中显得更为突出。他说："索绪尔在分析语言对象时，先考虑它是构成成分，比起语言本身，更像是在尝试把这些构成单位抽取出来。""将言语视为概念和音响形象联合而成的精神实体，把它看成自成一体的语言单位，并将之命名为'言語'（langue）。"引自第一篇「總論」七「言語構成観より言語過程観」（《总论》七《语言结构观到语言过程观》）。

解构，推导出"由概念引发音响形象的继起性心理过程"的过程语言观。时枝将自己重新塑造的否定性的索绪尔语言像加以解构，以此建构自身的语言像。"如索绪尔所云，构成'言語'的，是概念与音响形象紧密结合、彼此唤起的部分。……若是相互唤起的部分，如果并非密切结合，就只能视概念与音响形象的结合是一种继发过程。"① 时枝将索绪尔的"语言"概念构建为概念与音响形象的结合，与此同时又将它摧毁，进而推导出从概念继发音响形象的继起性心理过程的"语言"概念。于是，从作为反论的索绪尔的语言结构观，推演出作为正论的时枝的语言过程说。

时枝诚记从索绪尔的"语言（langue）"概念解构性地推导出语言过程说，于他而言，索绪尔的"语言（langue）"和"言（parole）"显然并不意味着相互"依存"的关系。那么，针对索绪尔的"言（parole）"同"语言（langue）"② 的相互"依存"关系，小林英夫的译文是如何记述的呢？索绪尔认为："若两个对象紧密联结，便会彼此预设对方的存在。言为人所理解并产生效果必须通过语言。但要使语言成立也必须需要言。……为此，语言同言相互依存。前者是后者的工具，同时亦是其产物。"③ 换言之，"语言是潜在的言，言是

---

① 时枝诚记『心的過程としての言語本質観』（《作为心理过程的语言本质观》），基本是以原论文的面貌作为『国語学原論』的「總論」发表，提示了以对索绪尔语言理论的批判展开的语言过程说的各个章节。
② parole 在中文里通常被译为"言语"。现今日语通常用片假名ペロール書写。小林英夫将之译为"言"，这里按子安宣邦先生引用小林的译词，仍用日文中的"言"字。文中加双引号的"語語"也是小林译本中 langue 的译词。——译注
③ 小林英夫『言語学原論』第四章『言語の言語学と言の言語学』。当然这些是索绪尔去世后被编辑在「講義」中的。

语言的实现"①。与此相对，时枝将索绪尔的"语言"概念作为否定性媒介，在以语言主体的语言意识为前提的表达过程中认识语言的本质，对他而言，小林翻译的索绪尔"语言"与"言"的相互关系，不过是更加确信自己的语言观，并给予作为语言过程说的分节化表达而已。

> 以语言过程思考语言本质时，必须更正表达主体以"言"实现"言語（语言）"的观点。应该视"言語（语言）"为处于言语活动继发过程中的某一个过程。在言语活动中，与概念结合的音响形象立即传导至运动性语言中枢，产生发音的行为。我将……语言表达称为限定性的非限定性表达，亦适用于上述过程。作为表达对象的具体事物经过概念的过程具备非限定性。进一步转入发音行为时，声音与思想内容完全脱离而表现在外部。……"言語（语言）"是非限定性地表达限定性的个体的过程，这是语言最本质的性格。②

时枝诚记将语言定义为非限定性地表达限定性的个体的过程，借对索绪尔的批判使自身的语言过程理论得到分节化的表达。他还称"'言'的思想表达是个别经验的非限定性的概念表述，这才是言语活动的本质"。这里，时枝在限定性的个体以非限定性表达的

---

① 时枝诚记在『心的過程としての言語本質観』(《作为心理过程的语言本质观》,《文法的原理》) 引用的小林『文法の原理』中的话。
② 前引时枝诚记『心的過程としての言語本質観』。

过程中认识语言的本质。他所谓的"言语"只能是借助解构概念与音响形象结合而成的单位概念"言語（langue）"，去推导从概念到音响形象的表达过程的"言语"。时枝用"具体的事物（表象）→概念→音响形象→声音"这一说话者的行为过程图式，表示作为语言本质的语言的表达过程。这里的行为过程指以声音（文字）为媒介，将作为说话者个人经验的个别表象表达为概念性语言，而使之成为一般性语言的过程。① 若可以这样理解时枝的语言过程，那么便可以说，时枝的语言过程说就是将索绪尔的语言观，即在"言語（langue）"与"言（parole）"这两个语言契机相互规制的结构关系中，去认知人类的实际语言——我们的语言——的成立、解构并改造为由语言主体主导的单向的平面的语言表达过程。然而，时枝对索绪尔语言论向语言过程说的重塑，却似蔽聪塞明、神龙见首不见尾。在时枝的语言过程说中难以发现并追问的是，为何人类的实际语言会成为必须与"我们的"这一限定性相伴生的语言？

七 主体——语言的存在条件

时枝诚记通过解体性地批判索绪尔的"言語（langue）"概念而推演出的语言过程说，以语言本质论的面貌展开。譬如之前的引文已有清晰的体现，"语言的最本质性格""是非限定性地表达

---

① 时枝诚记就概念化的表达过程这样说："词语在表达过程中要经过一个概念化的过程。我把这样的表达过程的形式称为概念词。所谓概念化，是指将一切事实客体化，比如自己的感情、情绪也通过这一过程被客观化、对象化。"（前引『心的過程としての言語本質観』）

限定性的个体的过程"。但是，在时枝作为语言本质论的语言过程说的正论中，哪里都找不到被表达的语言必须被限制在"我们的"这个界定里的理由。将同时被称为"国语体"的索绪尔的"言語（langue）"概念解释为结构单位的"语言"概念加以重构，通过否定它，进而形成自己的语言过程说，时枝的这种语言过程说在语言本质论的正面命题上消解了对语言社会性的关注。那么，社会性是在哪里被消解的呢？它被消解在作为"语言为语言表达的心理过程"这个语言本质论正命题成立前提的语言主体之中了。

然而，作为时枝诚记语言过程说正命题的前提的语言主体，譬如说母语者，如果真的去规定其说出的语言的母语性，不又回到被时枝否定的索绪尔的逻辑之中了吗？时枝解构了索绪尔客观结构主义的"言語（langue）"，并由此构造主体过程主义的"语言"，这时，会同时否定"言語（langue）"作为"言（parole）"的社会性的外部规定因子。

> 我们即便在语言表达感受到约束时也不能直接将其全部归结为外部的制约力。……譬如，非常清楚的一点是，我们用母语以及外语进行交流时，会自然而然地产生一种强烈的规范感，仔细想来，非常清楚的是，我们的语言并非在规范或外部的制约力之下才能说得出来。[①]

若制约说母语者的语言母语性的规定因子不在外部，又会在哪里呢？在说话者这个语言主体的内部意识之中。时枝诚记称之为

---

① 前引山田孝雄『国語学史』（岩波書店，1940 年）。

"习性"。"习性可以是形成约束的重要因素之一。语言的习性是能够接受外部影响的整序能力的结果，反习性而行的语言表达不会被认为是自己主动的表达。"构成语言主体内部意识的习性或能够接受外部影响的整序能力，作为一种特定的语言的统一体，使说话者能够畅所欲言。时枝所谓的语言主体并不是语言表达内容的主语，而是使语言表达能够成为一种语言表达的条件。

"将语言的本质视为一种心理过程时，主体必须是语言成立的先决条件。"① 正如对于一栋房子而言，地基是修建这所房子的基础，也是房屋能够建成的先决条件。时枝诚记认为语言主体是语言成立的基础，也是其存在的条件。譬如，"我は行かむ（我想去）"这句被说出的话，即便"我"是主语，也并不是在表达句子的主体立场。时枝称之为主体的客体性表达。这句话的主体立场或主体的心情由句末的"む"来演绎。"む"成为这句话表达语言主体心情的语素。在这里我不进一步展开时枝关于"词"与"辞"或围绕"零记号"等语法论内容，我们只要确认此点足矣：在时枝这里，语言主体作为语言的成立条件被语言表达自身内部化了。

时枝诚记认为，以某种语言为母语的说话者带着母语印记表述他的语言，这并不是母语的语言从外部制约着说话者，而是他接受其母语独特的影响、按照母语的规律主动调整语言的表达，正是这种来自说话者自身的内部意识才使得具有母语特性的语言表达得以成立。既然如此，若某种语言作为我们的语言在我这里成立，那

---

① 时枝诚记『言語の存在条件』，『文学』1941年1月，收录于前引『言語本質論』）。这篇论文和『言語の存在条件』一起构成了时枝的『国語学原論』的「總論」。

么，我便会依循与所谓"我们的"语言习惯相同的共属关系，形成所谓"我们"的内部意识，并根据这个内部的意识对自身的语言进行整序。然而，这难道不是对被称为索绪尔"国语体"的"言语（langue）"概念向语言意识的内部转化吗？时枝批判索绪尔作为语言社会性规定因子"言语（langue）"的主体的外在性。并且，他说："只要认为语言是个人外在的精神实体，主体就不可能成为语言的存在条件。不过，在将语言的本质视作心理过程时，主体就不得不成为语言成立的第一要义。"他将主体的语言意识与"言语（langue）"一道融会、内化于语言的表达过程之中。因此，"国语体"已不再外在于语言主体，语言的表达过程自身便是带有完整"国语"性格的语言的实现过程。

八　新国语学的成立

从时枝诚记将"言語（langue）"内化于语言表达过程的立场分析，日语不可能作为精神的实体外在于语言的主体。日语是某一主体在语言表达过程中表达的烙印着日语性格的语言。时枝排斥"日本国家的或日本民族的语言"即国语的定义，他认为"国语即日语，是指具有日语性格的语言"①。思考时枝为何排斥"日本国家"或"日本民族"的语言才是国语，而采用"具有日语性格"的语言才是日语的新定义，必须结合20世纪40年代帝国日本及其语言所面临的历史状况。

---

① 前引时枝诚记『国語学原論』（《国语学原论》）第一篇「總論」十一「国語及び日本語の概念」（《国语及日语的概念》），岩波书店，1941年。

> 今日纳入国语学对象的，既有偏安地方的方言，也有超出国土范围、在其他地区使用的日语，同时还包括非日本民族使用的日语。这时，国语的名称具有超越国家和民族的意义。于是，国语就成为具有日语性格的语言的总称。①

上文中的"今日"指20世纪30年代到40年代帝国日本的历史时期。文章一开头便直截了当地指出国语学对象得到扩大、国语定义新旧更迭等日语在此时期的状况。有关帝国日本与国语（日语）问题可参考已有研究成果②，我这里仅就随同具有"日语性格"的语言这一国语定义一道形成的时枝诚记国语学的问题加以考证。

时枝诚记将国语（日语）定义为具有"日语的性格"的语言，但由谁来认定语言表述中的日语的性格呢？"国语（日语）是具有日语性格的语言的表达过程"，在这一被视为重言式的定义——"自己就是自己的自我"的同一性——之下，什么是"日语的性格"便不甚了了。某一语言的表达是否是日语的，大概只有对其进行观察和分析的国语学学者或时枝才能判断。时枝继而就"日语的性格"做了如下说明。

> 外语里的"ink"，它以"ink"的面貌出现，如果能在

---

① 之前提到的时枝诚记『国語学史』（《国语学史》，岩波書店，1940年）。
② 有关帝国日本与国语（日语）的问题，请参阅拙论「国際語・日本語の批判」《"国际语—日语"的批判》，（收录于『多言語主義とは何か』[《何为多言语主义》]，藤原書店，1997年）。将帝国日本语言编制的问题进行概括性论述的，有安田敏明的『帝国日本の言語編制』（《帝国日本的语言编制》，世织書房，1997年）。

国语的语法规则与声音体系里实现，那么就意味着它被赋予日语的性格，就可以说它被国语化了。……这样，日语便由日语的过程性结构及其组合而成的语法体系所决定，而绝非意味着日语词语的总和。换言之，国语或日语指特殊的主体性语言功能以及由这一功能所实现的语言。专以上述语言过程的形式去定义国语，这在以往就语法的讨论中也屡见不鲜。①

不过，上述界定还是没有说清楚什么是"日语"的性格，只是让人知道在判断某一被表述的语言是否具有"日语的性格"时，应该就什么问题加以判断而已，那便是日语的语法体系、发音体系所代表的"国语的形式"。如果这个说法成立，那么能够认定某种语言表达是日语的，便只能是可以证明他依据了"国语的形式"的国语学学者罢了。不论到哪里答案都相同。何为"日语的"只有通过国语学学者时枝诚记的记述，才能说得清楚。时枝的国语学便如同是一种记述语言表达的"日语性格"的国语学。

时枝诚记以语言的主体为前提，在主体支撑的语言表达的过程中把握语言的本质。国语学学者时枝主张主体性的语言认知，那么，他作为语言认知者（观察者）是如何定位自己的这一立场的呢？时枝称语言有实践者与观察者两种立场，针对语言的主体性（实践性）立场可以举出"理解、表达、鉴赏、价值判断"②，观察

---

① 之前提到的『国語学原論』(《国语学原论》)第一篇「總論」十一「国語及び日本語の概念(《国语及日语的概念》)」。
② 同前,「總論」四,「言語に対する主体の立場と観察の立場」(《语言的主体立场与观察立场》)。

性的立场则有"观察、分析、记述"几个方面。继而,时枝讲到识别主体性立场与观察性立场的重要性。只是,"语言一旦离开主体,便不复存在"。强调主体性语言观的时枝称:"以自身的语言为对象进行研究时,自己既是语言的主体,同时又是其观察者。"时枝通过强调语言主体性的契机,实现了语言实践性主体与观察性主体的位置叠加。他同时还说,以在主体的行为中成立的语言为研究对象的时候,"以观察性立场把握的语言对象,在主体性立场上只能是被实践、被叙述的语言"。按照这一逻辑,国语(日语)学学者就必须同时是国语(日语)的语言主体,以及对主体性语言行为进行分析的记述者。时枝着手创建的正是这样的国语学。

时枝诚记的语言学,以记述国语主体在语言行为(语言过程)中实现的国语而成立,这意味在语言主体为前提的语言过程中把握语言本质的时枝"语言学",作为时枝"国语学"而成立。1941年,时枝的《国语学原论》问世,他在《总论》中反复强调"心理过程的语言本质观"。这时,距离这位新归朝者最初提出建立新国语学必要性的主张,十二年的光景已悄然而逝。

九　汉字问题何去何从

1929年,从欧洲留学归来的时枝诚记面对"国语的事实",主张建立新国语学的必要性。他所谓的"国语的事实"是指国语接受了外来语言汉字、汉语决定性的影响。时枝称,正因为能够将学问的关心聚焦在这一事实上,才会下定新学的决心。1930年新年起,时枝秉承这一信念,在重新审视国语史的基础上,于东京帝大开设了国语学讲座,但讲座开始两年后便告中断。就中断的理由时枝解释道，一是因为追究的问题过于困难，二是尚须探明何为"语言本质"的问题。于是，创建新国语学之路在这里发生转变，转向通过阐明"何为语言的本质"去构建国语学的道路。这一过程，正如前文追溯的那样，时枝正是走在语言过程说的语言观上试图重建国语学的道路，1941年问世的《国语学原论》便是这一过程中的第一个巅峰。

在这一重大成果《国语学原论》中，时枝诚记是如何表述有关"国语的事实"要面对的汉字、汉语的问题呢？是它早已不构成问题了，还是被以"语言过程说"为视角的新国语学体系所成功包容了呢？

时枝诚记在说明什么是"日语的性格"时指出，若外语"ink"以"ink"的形式在国语的语法体系与声音体系中存在，那便意味着它被赋予"日语的性格"，因而也可以说它已被国语化。同理，它同样能够适用于带有外来印记的汉语。时枝认为在日语中汉语被广泛使用，之所以可以称它们为国文，是因为这些汉语不论在语法形式，还是在韵律、声调、发音等方面均按照国语的规则在使用。在具有国语性格的语言表达这一层面上，外来语已经被国语化。当时枝强调"日语由日语式的过程性结构及其结合规律构成的文法体系决定"时，汉字、汉语便不可能再是日语外部的具有语言违和性的外来的借用文字或语言了。在日语语法体系下表达的汉字、汉语只能是日语。以"语言过程说"为其立场的时枝国语学实现了汉字、汉语在日语中的内部化。那么，时枝的新国语学体系是如何将汉字、汉语内部化的呢？

时枝诚记排斥文字借用观。文字借用观将汉字等文字视为外在于语言主体的客观存在，它们不过是语言主体使用的客观之物。而时枝则主张包括汉字在内的文字使用，是语言主体在语言表达过程中的一个阶段。[①] 它将"听""说"为代表的语言主体的"声音行为"称为"声音阶段"，将与之相区别的"读""写"的"文字记载行为"称为"文字阶段"，并以此来划分语言过程的不同阶段。这种文字观可以成立，是由于它在主体性的认识层面上理解人类的语言行为，这种语言过程说不仅贯通于声音，同样融会于文字。这样，时枝的国语学便不会是以往文字论的补充，成为其独创的国语学框架与记述中重要的章节而自成体系。日语文字及其记录（书写）行为，是以外来语言——中文的文字汉字及其书写为其成立前提的。于是便可以说，时枝国语学将外来语言文字——汉字及其书写的行为作为日语语言表达过程的一部分，是第一次将汉字定位在国语论内部的国语学理论。

十　汉字绝非借来之物

将文字的使用当作语言过程的一个阶段，时枝诚记从这一立场出发，批判过去以用字法评判汉字的观点。他说，以往的用字法将汉字视为自身之外的客体存在，关注它在日语的书写上的借用。如一直以来，"借训"的观点认为或借汉字之训表记日语，或借音加以表记。另外，以训为表记的汉字词被称为"正训"（如天地）、"略训"（如荒礒）等，虽然这些字词的读音与汉字词语的读法相关联，但并不是在与语言主体的书写意图的关系层面上谈的。

时枝诚记认为以往借用观的汉字用字法，基本上是以日本的汉字音读法为前提的。只有以日本的音训汉字的训读法为前提，按照

[①] 同前，第二篇「各論」二「文字論」。

汉字表音、表意的属性，日语借用汉字的书写方式才能够成立。之所以会产生这种借汉字—用的用字法，是因为汉字作为赐予性的存在早已外在于日本人这个主体。由于汉字早已是赐予性的存在，所以日本人便产生了如何在自己的语言表达中借用汉字的用字法。同时，时枝还指出："汉字本为外来之物，常识上，人们便难免会将之视为客体的存在，并以借用的观念去加以规范。"

时枝诚记用望远镜比喻对汉字借用法的转换。他说，譬如人用望远镜观察物体，只要望远镜是人眼的借用，在"看"这个功能上，不论是用人眼还是用望远镜是没有区别的。与此相同，即便是借用的汉字，在"写"这一表达功能上使用这种文字也应该没有任何变化。若将日语的书写视为主体性语言行为，我们就应该放弃以往用字法立场上的汉字观：认为自己借用了置于自身之外的汉字。在"写"这一记录主体的表达功能上去认识汉字时，汉字与假名之间已不存在什么区别。

> 正如望远镜之例说明的那样，在国语表达的问题上，二者的关系并非借与被借的关系，必须把被借之物视为一种表达的功能。①

若把汉字视为书写日语的主体的表达功能，就不可能将之理解为置于语言主体外部的借与被借的关系，而必须是具有文字的语言功能，与假名文字相同，存在于日语语言过程的内部。于是时枝诚记语言过程说将文字作为语言过程中的一个阶段，即记录行为去理

---

① 同前，第二篇「各論」二「文字論」。

解，它让汉字与平假名、片假名平起平坐，内化于日语的书写过程之中，并在此意义上构建了新的国语学。

当汉字与平假名、片假名被同样理解为日语表达的功能，并被内化于日语的书写过程之中时，汉字便丧失了其作为外来语言文字相对于日语的外部特性，而被内化为构成国语语言规则的元素。

十一　汉字与国语的规则

时枝诚记将以往的借字法转换为以主体用字意识为前提的用字法。时枝称"用字法体系只能是主体用字意识的体系，绝无旁骛。因此，用字法的研究上，我们需要探究的是'语言主体要用文字表达什么''又以怎样的意向去表达'等关于主体性的表达技巧与意图的问题"。以往的用字法以借用的观点看待汉字表音、表意的属性，但现在必须以语言主体的用字意识重新认识汉字的属性。必须从语言主体（记录主体）的用字（记录）意识——表音或表意的意图去认识。从记录主体的用字（记录）意识去认识汉字时，作为外来语言的汉字便会成为与平假名、片假名，甚至是罗马字相同的、具有国语表达功能的一种文字。于是，汉字作为一种与平假名、片假名同样的记录文字被国语同化。但同时，在时枝关于汉字内部转化的用字法记述中，要对外来语言文字汉字在日语书面语上留下的浓重外来印记加以解释。

首先，由于汉字是在表音的意图上被使用的，所以诞生了对日语书面语具有决定意义的假名。这是时枝诚记陈述其用字法论时必须首先说明的问题。其次，书写中使用汉字表意时，譬如人们要表达"ムスメ"，会使用汉字"女""娘"；表达"ハラカラ"时写下

"兄弟""同胞"等。时枝称这种基于表意意图使用汉字书写的方法"牺牲了国语的声音表达，仅仅希望传达其意"。为此，在知晓汉字书写词语规则的时代和领域内，可以依据这些规则理解词语的发音。但也并非绝对，如"'上'到底是'ウエ'还是'カミ'？抑或是'アガル'或'ノボル'？也未必都分得清楚"。遵循表意的意图使用汉字书写时，会使词语的发音变得极不稳定，而其发音本质上只能任由后世的读者随意猜想。时枝称，会存在不同汉字对应不同表音记录法与表意记录法的倾向，"目前，体言（名词）与用言（动词）语干的文字用来表意，但助词、助动词除极少数特例之外，几乎全部用来表音了"。为此，汉字与假名用来分别书写不同类别的词语，如"山に""桜は""行くべし"等，日语形成了汉字与假名混合书写的规则。时枝说虽然这些规则的形成可能需要长年累月的锻造，但这种记录法所统一的书写规则"由汉字的性质与国语的性格两方面所决定"。

以书写主体的用字意识为前提的文字论确实使汉字不再是主体外部的借用对象，而可以作为在书写上实现语言主体表达意图的内部的媒介被把握。时枝诚记在这一视角上对用字法（记录法）的叙述使外来语言文字汉字因此成为日语的文字。为此，他就不得不阐明外来汉字在日语书面语上留下的浓重痕迹。汉字作为日语的表达功能被使用，这不仅促成了假名（かな）的诞生，还实现了日语中汉字与假名分别书写的体例。这一书写规则的形成使问题超出文字用字法的层面，成为日语语法上的、与日语本身句法规则相关的问题。另外，依据表意意图使用汉字会造成该词语在后世发音的不稳定性，这种不稳定性决定了以表记符号汉字为记录文字的日语文本及其发音的特性。对日语而言，因为汉字拜外部所赐，所以其发音是事后的①。由此便给我们留下了与汉字混合书写的文本在发音上的事后性，包括书写与发音相背离的发音的事后性问题。

外来语言文字汉字在时枝诚记国语学里丧失了他者性，汉字在这里被内化为日语的一部分。时枝的国语学中，汉字与平假名、片假名都被内化为日语的记录文字，但在这里，还需要记述外来语言文字汉字塑造日语文章书写规则的轨迹。时枝国语学一边将外来的语言文字汉字同化为自身的一部分，一边追寻汉字影响日语书写规则的轨迹，并将之作为时枝语法体系加以构造和表述。这便是由"词"和"辞"构成的时枝语法论②。如此构建起来的时枝国语学大概可以成为他自己提出的那个作为"国语的事实"的汉字问题的答案。只是，在这个答案中，即对汉字、假名混合文所代表的日语语法的阐释中，汉字被完全内化于日语的秩序之中了。

---

① 汉字作为外部的赐予之物，我认为有关它发音的事后性问题，将来会演变为由于汉字、汉文文本的不同读法导致的事后成立的书面日语的问题。
② 时枝诚记的语法论重要的一个特点，是将日语词汇分为"词"和"辞"，二者以是否经过概念过程来区分。即经过概念过程的为"词"，是构成句子的素材，不含陈述；没有经过概念过程的为"辞"，不是能构成句子的素材，纯属陈述。参见王方方：《时枝诚记语法研究》，黑龙江大学硕士学位论文，2011年。——译注

第六章
汉字及固有语言的自我认同
——国语与日语

> 使日本人真正作为国民,自觉进行国语反思的具体事实,恐怕还是在接触汉字、汉文之际发生的事情。
>
> 山田孝雄[①]《国语学史》

> 我认为"国语"这个名称意味着具有日语性格的语言。换言之,国语即日语。
>
> 时枝诚记《国语学史》[②]

一 汉字与国语的意识

何为国语学史?山田孝雄对国语学做了这样的规定:"将国民针对国语展开自觉反省的结果作为学问组织起来。"同时,他将国语学的历史,即国语学史,定义为"考察国民(针对国语)往复发

[①] 山田孝雄曾任日本东北大学教授、神宫皇学馆大学校长。他在日本语史、日本语言学方面的造诣颇深,其代表作《日本文法论》奠定了日语语法体系的学科基础。另外,他对日语敬语法和奈良时代、平安时代语法的研究,开辟了日语语法及日语语法史研究的新领域。——译注

[②] 时枝诚记『国語学史』(《国语学史》),岩波書店,1940年。

生的自觉反省的轨迹"。①针对国语，山田定义道："作为表达支撑日本国民之大和民族思想的重要工具、思想交流的重要工具，使用至今的语言。"可以说，山田就国语学史关于国民自觉反省国语的演进过程的定义与上述国语的定义，均是作为现代日本国学精神继承者的山田在自我反省基础上提出的十分周到的定义。这与持"针对国语语言主体的种种意识，大概日日语成立之时便已存在"②、将"国语"无反省地等置于"日语"的言论，以及现代国语学史上以考察古代日本的"言灵"信仰③、禁忌语为起点的国语学学者的国语无意识比较起来，实在是了然于目。可以说，现代国语史学家的思想意识与19世纪延续至今的那种以探寻日语的起源而乐此不疲的现代国语学学者的语言学意识如出一辙。

山田孝雄称为国语的自觉，并非针对所谓日语的本土语言展开的语言意识。最近的国语（日语）学学者们，从日语这一单一语言的内部称呼它时，把它叫作"国语"，从外部称呼时则叫它"日语"。④但这只是从国语学、日语学或国语教育、日语教育⑤并存的现状出发的一种整合性的解释，他们自认为日语即国语，却忘记了

---

① 山田孝雄『国語学史』(《国语学史》)，宝文馆，1943年。
② 古田东朔、筑岛裕『国語学史』(《国语学史》)，東京大学出版会，1972年。
③ 认为语言里寄宿着灵力的信仰，相信说出口的话会对现实产生影响。在汉字导入日本之初，"言"与"事"不作区分，为同一概念，后来演变为说出的话成为现实中的"事"的信仰。"祝词"与"忌词"（禁忌语）便是例子。
④ 马溯和夫、出云朝子『国語学史——日本人の言語研究の歴史』(《国语学史——日本人语言研究的历史》)，笠間書院，1999年。在此将之奇妙地表记为国语（日语）学学者，但如果遵从这种对于国语和日语的规则定义，著者恐怕对内要自称为国语学学者，对外要自称为日语学学者吧。
⑤ 关于日语学、国语学，日语教育、国语教育的基本含义与研究范畴，请参阅第一章第2页注释2。

伴随明治国家的形成，国语也同时宣告成立的情形。所谓"国语的自觉"，便如山田所讲，是国家性的自觉和国民性的自觉。在山田看来，不论是国语学还是国语学史，均是隐藏在现代日本国家意识为背景的历史紧迫感中的学术操作。"国语"自其成立以来便是"国家"的同义词。"归化语"传递出的国语中是外来语义的词汇的国籍问题便是很好的隐喻。① 若在这一逻辑上，国民对国语的自觉，其成立的过程便应与形成国家自觉的过程相重合。于是，山田的国语学史便会从国语（即国家）自觉的起点展开回想式的记述。那么，我关于国语意识中汉字问题的探讨就必须以围绕国语意识的形成展开的反省式的学术史记述为起点。

离开与比邻的强大国家中国，包括与其对立的交涉关系，便不可能形成古代日本的国家自觉。日本与唐、新罗联军在白村江战役的失败（663年），进一步促进了日本国家防御体制的形成。日本在7世纪后半叶明确形成了古代国家。日本国家的形成虽然以同中国争夺朝鲜半岛为契机，但如若没有汉（汉字）文化导入下创建的制度典籍，那么，日本国家的确立也无从谈起。宣告日本国家确立的象征性典籍《日本书纪》和《古事记》由于使用了汉字书写才得以完成。宣告日本国家确立的文章由汉字文本构成，这意味着自国家成立之初的国家性文献的成立就有外来语言文字汉字的介入。这里，在自我（固有语言）确立的过程中，他者（外来语言）以无法回避的形式介入和存在。那么，山田孝雄对此是如何描述的呢？

"一般接触到外语时，会很自然地通过认知它与国语的差异形成对国语的反省和自觉，"继而山田孝雄又说，"若不是与我国国语性

---

① 国语中的外来语汇国语化的问题一直被表述为同化或归化，并以国籍的隐喻来加以叙述。本书第一章对此已论及。

质迥异的汉语、汉文进入国语之中，也许会很难意识到由于汉字的输入和使用所产生的对国语的某种自觉吧。"[1] 他指出外来语言汉语、汉文的输入，以及同它的接触产生了对固有语言国语的自觉。具有强烈国语（国家）意识的山田对作为形成国语意识场域的自他交涉关系抱有极强的敏感度，这是可以轻松地将本民族的起源与固有语言日语的起源等同视之并加以记述的当代国语（日语）史学家们所欠缺的自我感觉。但在山田看来，古代日本所导入的汉语、汉文充其量也不过是触发固有的国语意识、促成国语自觉的他者罢了。

二　国语意识与汉字记录法

山田孝雄称可以在宣命体中窥到由外来语言汉语所引发的固有语言国语的迅速觉醒。"宣命体"指《续日本纪》中的宣命文体。虽然"宣命体指用汉字记录的古代诏敕中的国语"，但由于它采用一定的汉字体例，山田对此说明道："述其概略，其书写方式大体如下——表示观念的为体言，副词及用言的主干以大字书写，用言之活用、复语尾、助词则用小字书写。"然而，山田的说明本身是站在对这种书写方式有一定的了解之上的。也就是说，根据词语的性质在汉字体的文章中区分大小写，是以古代人对国语性质的差异有所认识为条件的。不过，山田根据的是本居宣长《历朝诏词解》的引用来证实"宣命体"记录法成立的经纬。

---

[1] 山田孝雄『国語学史』第三章「上代の文献に見ゆる当代の国語意識」(《上代文献中的当代国语意识》)。

> 远古时代，因尚无片假字、平假字，难以用文字表述皇国语（音）之貌。于是，习唐国（中国）之法，万事皆以汉文记录，仅有歌以所谓"万叶假名"述之，亦有祝词、宣命，皆按照古语之原貌书写，并无一字有误。乃至虚字等假字亦添细书①，世间谓之宣命体。这一类文体都不以汉文，而是据古语原貌记录。歌自不待言，祝词是面向神的诉请，宣命是向百官、天下百姓宣告的文体，因神、人闻后须铭记于心，以其辞并无文饰之丽美，无一难读文字之故。正如寻常之事，汉文难书其状也。②

山田孝雄指出，本居宣长直至解释宣命体为何必须使用汉字书写法之前的内容，既非对宣命体事实的说明，亦非对采用该记录法原委中"世人的国语意识"的回顾。但是，他却因征引此段内容而在认识我国古语的看法上抱有与宣长共同的"国语意识"。宣长认为祝词、宣命原本都是神、人口诵传承的语言。为此，宣命与万叶歌类似，十分重视古语本来面貌的书写方式，所以才会采用宣命体这种汉字记录法。这也是山田与宣长共有的观点。这种观点认为在宣命体汉字记录法成立之前，就已经存在口诵的古语，并且这种汉

---

① 细书，就是用小字标注在汉字右侧。细书的虚字包括接辞，它是日语单词的组成要素，不能单独使用，大致可理解为词头的接头词与词根处的接尾词的总称。接头词具有对后续词或词干添加意义、调整语气的功能。接尾词对上接词增添意义，同时给予该词以接尾词的词性。——译注
② 『統記歷朝詔詞解』（《〈续记〉历朝诏词解》，『本居宣長全集』第七卷，筑摩书房）。相比《书记》中汉文体的宣命，宣长尊重《续记》中原汁原味的古语宣命。他说："每每阅读《书记》，便慨叹古语诚之诏词远比仿照上代造诏的繁丽辞藻古朴。然《续记》未丢此写法，御世代代载之，值得欣慰。"

字记录法以不减损咏诵宣命之人的口诵语言而将其再现为目的。这也是此观点能够成立的前提。采用这种汉字记录法是在充分认识到宣命体这一日本口诵的古语与外来语言汉文具有不同特性的基础上展开的，即如果现在将口诵的古语称为"和语"，那么，"和语"针对外来语言汉文的不同特性，便会要求与汉文书写形式相异的宣命书面语了。这便是山田在宣命体中发现的国语意识。

在上述国语意识里，口诵的古语"和语"理论上先于宣命体这一汉字记录法存在。首先出现的"和语"因为了解自身与汉文这一外来语言书写原则的不同，才会产生创建自身独有的汉字记录法——宣命体的需求。该国语意识将宣命体这一汉字记录法看作能够将宣命的古语最大限度透明化且将之再生的文字形式和手段。同时，对于这一国语意识而言，外来语言汉文是一面能够清晰地映衬出固有语言固有性之不同的镜子。该国语意识下的汉字观是本居宣长等国学学者们在固有语言的自我认同下，将汉字作为异质性他者去认识，同时也是山田孝雄与宣长共有的汉字观。说山田是国学精神的继承者，也是出于与那种强烈的国家意识有所区别的、同宣长等人共有的固有语言自我认同下的汉字观而言的。

他们并没有将外来语言文字汉字视为使固有语言书写体例成立的介质。也就是说，他们并不认为宣命这种固有语言的书写体例与宣命体的汉字记录法同时成立。

三 汉字的输入与国语的主体

正如《日本书纪》"阿直岐亦能读经典"（《应神纪》）中关于朝鲜百济渡来者的记载，汉文文献大概也同其读法一道经由朝鲜半岛传入古代日本。传来的读法有直读的音读法，以及使用自己的语言一边解释一边读的训读法。在日本汉字书写文本形成之前，是上述读法并立的情形。山田孝雄也认为汉文训读法是宣命体的前提。"推测宣命体大字与细字的书写区别与汉文训读法有很大关系，若不以此为基础，则难得会意之处。"但在这里山田必须回答，应如何理解汉文训读法，怎样接受汉文影响的问题。山田认为古代日本输入汉文时共有三种应对的方法：

> 汉文输入本邦最初发生的情况，不外乎以下三种可能的情况：国语被汉字、汉文完全征服；汉语、汉文被国语完全征服；开启某种意义上采用汉文，某种意义上以国语处置的二者的妥协之路。①

山田孝雄将汉字、汉文的输入比喻为国家对外关系中的外部征服。而使用与国家相同的叙事展开对国语的论述，这一点我在前文有过探讨。在这里，我想再次强调的是山田有关汉字、汉文输入的叙事，是以具有国语（国家）意识的国语（国家）主体为前提的。将汉字视为外部的进攻者，同时就会建立起一个与之对应的内部防御的主体。因此，将外来语言汉语视作外部的入侵，这时的山田在自己一方构建了一个与之对应的防卫性的语言主体。山田认为该语言主体采用的正是第三种妥协的应对之策。妥协之策简单说就是汉文训读法。"今日的汉文训读法即一种妥协之策，它保留了汉文原本的文体，但以国语的法格（语法规则）去读出。"

---

① 前引山田孝雄『国語学史』，参见本书第三章关于汉文训读的意识形态的分析。

山田孝雄称为妥协之策的汉文训读法，是保留汉文的原有形式、用"国语的法格"去读出的读法。正是具有"国语的法格"的语言主体，即国语主体将外来语言汉字、汉文以训读法的形式导入日语。所以，国语的主体便能够将汉文加上训点，以具有国语意识的"国语的法格"将之读出。于是，已经具备"国语的法格"的汉文训读法使用该法格，诞生了汉字记录法。这便是宣命体形式的汉字记录法。山田将由于彼此语言性质的不同而产生的规则差异视为："第一，措辞，即语句、排列搭配规则的不同；第二，用言是否存在活用；第三，二者的不同之处在于是否有助词。"国语的主体在与外来语言汉字、汉文接触、融会与吸收的场域里具备"国语的法格"。对于其存立，山田在《国语学史》中，以日本民族自觉的语言活动的原初光景开始了他的记述。大概可以将他围绕日语所展开的语言学的学术作业，视为在其国语意识下对现代日本需要创造一种先天自立的语言及其语言学的时代回应。而从具有"国语法格"的汉文训读法中，找寻民族语言认同之下语言活动的源头，正是其国语意识的核心。山田这一语言学作业的结果以及由此引发的国家主义言说，无疑是作为现代国家日本的一种现代性的产物。

　　于山田孝雄而言，汉字究竟是何物？外来语言汉字、汉文激发了他对固有语言所固有的语言法格的自觉，汉字这一如反射镜的他者，促使固有语言的法格在读法上去实现自己。为此，这一他者理应成为使固有语言意识觉醒的不可回避的介质。然而，在山田的国语意识里，它却被视为来自外部的不受欢迎的入侵者。只要这种看法存在，在自我一方防卫性地构筑起来的，就会是先天自立、自成一体的语言主体。具有"国语的法格"的国语主体因此早已存在。于是，本应以汉字、汉文为媒介的"国语的法格"在山田的记述里大概会成为自成体系的"日本语法论"吧。

四 汉字与"国语的事实"

山田孝雄认为宣命体汉字记录法是"国语法格"最初的自觉。然而，时枝诚记却对此抱有不同的态度。"与其认为宣命体是在国语的类别下形成的，倒不如认为宣命体以模仿训点的形式进行国语的记录。"① 时枝指出，与其认为宣命体国语记录法的形成是因认识到国语的性质，倒不如将之看作以汉文为依据进行训读而诞生的记载方式。时枝关注的是依据汉文发展成熟的日本书面语的存在样态。时枝一边称"原本正统的国语记录法为汉文体"，一边又指出当记录法的原型走向"国语的坍弛"时出现了《古事记》《万叶集》及祝词、宣命等撰写方式。时枝将正统的国语记录法——汉文体走向坍弛视为宣命体记录法的成立，这种观点颇有几分耐人寻味之处。因为导致汉文记录法坍弛的，正是汉文训读法。在汉文训读法下形成了由国语中的汉字构成的日语书写方法。这里，汉文与汉字成为国语记录法行成过程中不可或缺的前提，它们也被看作国语记录法形成过程中不可回避的介质。

时枝诚记承认汉文与汉字、汉语不可避免地介入了国语记录法形成的过程，他说国语受到了汉字、汉语可谓绝对的影响，这应作为"国语的事实"而必须面对。② 恐怕时枝是第一位认识到汉字对

---

① 时枝诚记『国語学史』(岩波書店, 1966 年重印版)。但是 1966 年重印版本较之 1940 年初版，"内容上没有变动，仅仅把一些表记的体例进行了修改"(「序文」)。

② 时枝诚记《国語学への道》(三省堂, 1957 年)。关于时枝如何站在"国语的事实"的立场构建国语学，请参阅本书第五章。

国语影响的重要性的国语学学者吧。自欧洲留学回国的时枝在东京大学国语研究室的一番对谈中,指出了汉字、汉语的影响对国语学问题的紧要性。

> 对我国国语学而言,什么是最为重要的事实?进而,什么成为最紧要的问题?通览日语的过去与现在,重要的事实莫过于国语接受了汉字、汉语的绝对影响。若能谦虚坦荡一点,不论是谁都能轻易地意识到这一点。与其说这是已被公认的事实,不如说在更为久远的年代,国语与支那语之间持久拥有的那种亲近的关系是国语与朝鲜语之间的关系所无法比拟的——虽然朝鲜语与国语极为相似且互为亲属语言。我会将这一平凡却显著的事实,作为国语学十分重要且是关注焦点,却在西洋语言学中十分罕见的问题加以对待。[①]

时枝诚记以认知"国语的事实"为起点重新构筑新国语学的语言学之路,这一点至关重要。他目光所向,不是与作为外来语言的汉字、汉文相对的本国语言——国语的意识,而是将汉字、汉文融入自己的语言成立过程中的日语的语言意识。这种语言意识并不是针对外来语言的中文而言,正如以上引言中时枝阐述的那样,它与意识到西洋语言学的异质性强烈地关联着。就此我稍后再详细论述。

---

① 1929年8月,经过一年半欧洲留学回国的时枝诚记,在继上田万年之后担任东京帝大国语讲座的桥本进吉那里期待着国语学界的转机,他在研究室会议上发表了论文《对国语学方法论的提案》。(见前引"国语研究室对谈"。)

五 汉字并非借来之物

时枝诚记通过语言过程观重塑了国语学。这种语言观认为语言通过语言过程，即语言的心理过程进行表达。站在这一语言观之上，文字并非构成语言的素材，而被看作语言表达过程的一个断面、一个环节。从这一观点出发，文字使用的方式必须与语言表达主体的表达意图联系起来考量。为此，时枝认为研究文字的使用，"第一，必须观察在文字书写过程中发挥作用的书写者的表达意识"，即思考"说话者在自身的语言表达中，欲以文字表达的意图"。并且，它还构成了第二个层次的研究问题："根据其意图，使用什么文字，如何去使用。"[1] 由此，理解使用汉字、假名的文字书写方式（用字法）就必须将表音的书写意图或表意的书写意图联系起来。只要从这种语言过程说的文字观出发，汉字便会同假名文字、罗马字一起被日语表达的主体组装进语言的过程。而汉字与假名的区别只会由书写习惯与表达意图来决定。汉字绝非借来之物。时枝立足语言过程说立场的国语学摆脱了所谓的"汉字借物观"。

汉字原为外来文字，常识上被视为客体的存在，以借用的观念去理解它也在情理之中。不过，正如望远镜之例说明的那样，在国语表达的问题上，二者的关系并不是借

---

[1] 时枝诚记「心的過程としての言語本質観」(《作为心理过程的语言本质观》) 为『言語本質論』(《语言本质论》) 所收，岩波书店，1973 年。同名论文首发在 1937 年『文字』杂志上。

与被借的关系,必须把被借之物视为一种表达的功能。①

望远镜的比喻是说望远镜同人眼所见,在功能上是相同的。那么,在功能上,汉字与假名文字亦必须被视同一致。所以,将汉字、假名文字均等同于国语表达功能的时枝诚记国语学,便可以将国语的自我意识从汉字借物观中摆脱出来。

汉字借物观在限定汉字的外来性、他者性的同时,在自身内部的语言书写(国语表记)上将汉字视为一种借来用以表记的文字。这原本是本居宣长等国语学学者所持的汉字观。如宣长就《古事记》卷首的文体表记时所言,基本上"天地初发之时"中的汉字"天地"被视为用来表记和语"あめつち"时的借字。②将"天地"看作借物(假借)的观点会遮掩汉语"天地"对和语"あめつち"构成的词义解释上的类推式入侵。宣长的汉字借物观与《古事记》注释时意在排除汉语意识形态导致的词义解释性入侵的"汉意批判"并无二致。

规定汉字的外部性、他者性,同时将之视为固有语言国语表记时的借物,这种汉字观是国学学者们秉持,同时被山田孝雄等众多国语学学者(或日语学学者)所继承的观点。规定汉字的外部性、他者性的观点以存在于己方的内部语言的自我认同为前提。如果将汉字视为外部的入侵者,势必要在自己一方构筑起内部的防御。如前所述,山田所指的正是由于面对汉文、汉字这一外部存在而产生的国语意识。而具有这一国语意识的语言主体,只会是构建国语的

---

① 时枝诚记『国語学原論』第二篇「各論」二「文字論」(岩波書店,1941年)。
② 关于本居宣长的《古事记》注释将汉字看成借用字(假借字)的立场,请参照我的『本居宣長』(《本居宣长》),岩波现代文库,2001年。

国语主体。在山田看来，国语的主体是大和民族。所以，他对"国语"下了定义：

> 我国国语作为支撑日本帝国大和民族的思想走向成熟的思想交流的重要工具，是我们现在正在使用，也是以前一直使用的语言。简单说来，国语就是日本国家的标准语。①

山田孝雄把大和民族当作构建国语语言主体去把握，这也是他在20世纪30年代作为帝国主义日本的概念之一重新建构起来的国语概念。他在规定汉字的外部性、他者性的同时，记述固有语言国语意识之确立的情形。这种国语学史叙事方式下诞生的与国语学史有关的国语概念，自然会将国语的主体定义为大和民族。于是，大和民族便成为日本民族和日本人的同义词。

那么，摆脱汉字借物观的时枝国语学的语言主体又是什么？以该语言主体为前提的国语概念究竟又会蕴藉着怎样的含义呢？

六　语言主体概念的转换

首先我们来看时枝诚记对"国语"的定义。他排斥"日本国家的语言"或"日本民族的语言"，称"国语即日语，是具有日语特性的语言"②。可以说，时枝的国语指具有日语特性的语言，即

---

① 山田孝雄『国語学史要』(《国語学史要》)，岩波全書，1935年。
② 前引时枝诚记『国語学原論』第一篇「總論」十一「国語及び日本語の概念」(《国语及日语的概念》)。

日语。在这一定义下，国语的概念从自然主义的实体基底中剥离，转换为一种语言学的概念。稍后，我再就这种转换所衍生的定义的政治意义加以探讨。根据时枝的定义，国语是语言的主体行为在表演性的（performative）表达过程中以日语的特性实现的语言。那么，在语言表达过程中以日语的特性实现的语言的主体行为究竟是什么呢？时枝并不认为语言主体必须是日本人、日本民族等实体性概念，它是一种功能性概念，好比给语言活动附加条件的主体性基底。

时枝诚记将语言视为心理过程的语言观建构在强烈的主体意识之上。他认为，"语言不论在何时何地，若不考虑其输出的主体，便无法对其进行分析。严谨地说，语言是'说''读'等活动本身"。[1]那么，时枝的语言论是如何对主体进行解释的呢？他说，"主体"与"情景""素材"一起构成三位一体的语言主体的存在条件。"主体"指语言的说话者、听话者，狭义上还意味着语言主体本身。"情景"指包含回应发话者的听者在内的社会场景。"素材"指语言输出的意指对象。谁（主体）、跟谁（情景）和说什么（素材）被称为语言三位一体的主体存在条件。语言过程说中的语言主体，意味着上述语言主体的存在条件。[2]

---

[1] 前引时枝诚记『国語学原論』第一篇「總論」二「言語研究の対象」（《语言研究的对象》）。

[2] "我将其一主体（说话者），其二情景（包括听者以及其他），其三素材，这三者作为语言的存在条件。这三者之所以是存在条件，是因为语言因对谁（主体）、听谁（场面）、用什么（素材）说出来而成立。"引自时枝诚记『国語学原論』第一篇「總論」五「言語の存在条件としての主体、場面及び素材」（《作为语言存在条件的主体、情景及素材》）。

另外，时枝诚记将语言的主体存在条件比喻为房屋的地基。"虽难以说地基是构成房屋的要素，但任何房屋都不能没有地基。并且，房屋的地基决定了房屋自身的结构。"请注意时枝在这个比喻中说道，没有地基便无法建造房屋，而地基也决定了房屋自身的构造。同时，他还用铸铁模具加以比喻，"语言根据情景输出自我，而对象是注入熔铁的模具"。语言主体在语言过程中是实现一定语言的存在条件，若离开它便不可能实现语言，它是地基式的存在。同时，被实现的语言又如同具有制约性的铸铁模具一般，是一定的。必须从"由存在条件的主体去实现"这一点上理解具有日语特性的一定的语言。那么，具有日语特性的语言是如何被实现的，又通过什么标准、被谁认定为日语呢？

七　具有日语特性的语言

时枝诚记就语言的社会性指出，必须多去关注"主体的流动的语言事实"，"被称为社会的，便不是平面的、静止之物，必须在语言主体的身份，对人的关系中去认识"。[①] 这意味着时枝将社会性作为支撑并制约主体语言活动的存在条件，认为它是主体与他者进行语言交流的情景、沟通的空间。当然，这一情景是作为主体的情景，伴随主体与他者的语言活动共同成立的情景。正如时枝那个铸模的比喻，"语言根据情景输出自我，而对象是注入熔铁的模具"，情景的语言活动将语言以一定的性格展开。有时是具有敬语特点的语言，

---

① 前引时枝诚记『国語学原論』第一篇「總論」十「言語の社会性」(《语言的社会性》)。

有时用某一方言来表述，等等。时枝就语言社会性的考察与针对索绪尔"语言"概念的批判是交错进行的。他是这样就索绪尔的"语言"概念加以批判性探讨，同时又围绕语言的社会性加以论述的。

> 甲、乙、丙形成同一习惯并不意味着甲、乙、丙每个人之间一定形成"语言"的实体。在语言上认可的约束力并不在外部的"语言"及其法则，而在制约语言表达的主体表达与理解的目的之中。若我们不想寻求他人的理解，或没有想去理解他人的愿望，那么，我们之间共通的语言习惯也不可能成立。总而言之，"语言"的外在性与束缚性只能是语言必然具备的主体意识在外界的投影。(《国语学原论·语言的社会性》)

前文我详细讨论过时枝诚记如何将索绪尔的"语言"作为在语言中规定其社会性的外在实体性概念"语言（langue）"加以批判性的重构，并将其内化于语言主体表演性（performativity）的语言表达的过程之中。[1] 即便如此，时枝仍然称作为语言行为的表达过程（理解过程）实现的语言的互通性（社会性），是由具有向对方传递其意的表达目的（想让对方明了的、理解目的）的主体语言行为实现的。与此同时，他还批判性地认为，实体性概念"语言（langue）"是语言过程中实现的互通性（社会性）在"外界的投影"。也就是说，时枝一面在语言主体的存立条件（情景）中对具有一定社会性的语言加以限制，一面又称语言是在具有表达目的

---

[1] 参阅本书第五章。

（理解目的）的语言表演性表达过程（理解过程）中实现的。具有一定社会共通性的日语同时也是在语言过程中，通过上述语言行为得以成立的。

然而，以语言过程说为立场的时枝国语学，即便可以说在语言过程中通过语言主体的存立条件，使具有日语性格的语言可能成立，也不能说日语就成立了。因为时枝诚记的语言过程说的成立是站在切断了日语与日语自身所决定的实体性的自然主义关联之上的。那么，谁能来认定在主体的语言过程中实现的语言便是日语呢？

> 日语由日语的过程结构及其组合而成的语法体系所决定，但它绝不意味着日语词语的总和。换言之，国语或日语指特殊的主体性语言功能以及由这一功能所实现的语言。专以上述语言过程的形式去定义国语，这在以往关于语法的讨论中也屡见不鲜。一边混用大量的汉语，一边却将之称为国语，其认定的重要根据便在语法中。①

认定某一语言过程促成的语言是否具有日语的性格、是否是日语，要根据其语言结构是否符合日语的语法形式。但是，由谁决定具备诸项语法形式的语言是日语呢？只能是对日语语法形式进行分析的陈述者——日语语法学者，即国语学学者。是对作为"词"与"辞"的过程性构造形式的日语语法进行分析性陈述的时枝诚记自己。大概时枝语法的记述本身就是在记述上使具有日语性格的语言得以成立。以方法论为自觉的现代学术，结果不得不利用自身学问

---

① 前引时枝诚记『国語学原論』第一篇「總論」十一「国語及び日本語の概念」。

的叙事去建构作为研究对象的概念。同理,日语这一研究对象的概念也必然建立在语法论的国语学记述之上。国语学于是就这样在自我的言说上构建了具有日语性格的语言,即日语。

然而,"国语指具有日语特性的语言"这一围绕"国语"定义的命题,不可能从切断自身与国家和民族这一自然主义根基的联系的国语学中推导出来。定义"国语"原本是与国家制度概念相关联的政治性言说。否定国语的主体,即日本人、日本民族这种实体性的主体概念,通过功能性的主体概念去构建语言的主体,时枝诚记国语学在陈述自身学术之始对"国语"所作的定义并没有脱离政治,相反,它具有的政治性更加引人注目。

> 今日纳入国语学对象的,既有偏安地方的方言,也有超出国土范围、在其他地区使用的日语,同时还包括非日本民族使用的日语。这时,国语的名称具有超越国家和民族的意义。于是,国语就成为具有日语性格的语言的总称。①

这无疑是带有20世纪三四十年代日本帝国主义烙印的"国语"概念的成立。

八 通向时枝诚记国语学之路

前文已提及,1929年9月,在东京大学国语研究室,欧洲留

---

① 前引时枝诚记『国語学史』第一部「序説」(《序说》)。引用文中的着重号为著者所加。

学归国的时枝诚记进行了题为"倡导新国语学"的讲演。讲演中，他谈到在法国日常生活中接触欧洲诸语言时感受到的类缘性体验，及由此触发自己创立新国语学的动机。这种体验使他痛彻地感悟到日语与欧洲语言学同欧洲诸语种之关联间的异质性，从而更加明确了自己对当时的国语学的怀疑，促使他产生了创立新国语学的动机。以下便是他从异国体验中得出的结论。

> 国语学的问题与方法，不必什么都追随西洋语言学的脚步。与其如此，不如更多地去直视国语的事实，在其中发现思考问题的方法。移植西洋语言学的问题与方法，以此规范国语学的启蒙时代似乎已经过去。①

在这一结论中，时枝诚记想要阐明的是，以往建立在移植西方语言学基础上的国语学，并未正视国语学本来应该正视并由此构成国语学真正的问题与方法的"国语的事实"。那么，什么是国语学本应正视的事实呢？前文已多次提及，这一事实就是国语受到的汉字、汉语绝对的影响。时枝称："通览日语的过去与现在，重要的事实莫过于国语接受了汉字、汉语的绝对影响。若能谦虚坦荡一点，不论是谁都能轻易地意识到这一点。"然而，国语学学者们却没有人尝试这条谁都理应可以发觉的以"国语的事实"去构建现代国语学的道路。

这里，我再次强调时枝诚记国语学在其出发点上的情形，即正视"国语的事实"，并非为了重新回溯时枝经由语言本质论（语言

---

① 时枝诚记在东京大学国语研究室学术会议上的谈话——《对国语学方法论的提案》，前引『国語学への道』收录。

过程说）构建国语学的道路。这里我想重新提出的问题是，从正视"国语的事实"，换言之，通过一种对国语的正当的语言自我认知去看待国语学的成立，这到底具有何种意义？现代国语学几乎不再顾盼，日语学也完全不再回首追溯的时枝国语学的意义究竟是什么？①

正如留学体验中描述的那样，正视"国语的事实"所引发的国语学建构，是不得不从怀疑欧洲比较语言学的视角和方法开始的国语学的构建之路。前文说过，"国语的事实"指国语接受了汉字、汉语的绝对影响。然而，以通常的比较语言学观之，中文在体系上、规则上与日语完全异质。为此，以异质的语言——中文的文字与文章为不可回避的前提去构建国语学的视角，在比较语言学看来是绝对不可能的。最近的比较语言学研究倾向于将日语作为一种特殊的语言，强调它的孤立性特点，以这种倾向观之，从"国语的事实"出发的国语学便不再荒谬不经了吧。如今将日语视为特殊语言的国语学学者们可以淡然地说："没有文字的日语从中国传承来汉字后开始了书写行为。从古代起，日语大量受到中文包括文字、汉字音、汉语的借用等诸多影响。然而，剔除这些影响之后，便可以描绘出日语本来的面貌。"② 可以说，这种观点是本居宣长创立的固有语言日语（和语）论在当代的通俗化版本。构建国学式的固有语言日语的志向被比较语言学的日语特殊论所强化，由此形成了现

---

① 时枝诚记的国语学或者说语言论，在我们这样的外部人士看来是十分值得关注的，但同时，对于内部的国语学学者、日语学学者而言，与其说被他们无视，不如说被给予否定的评价。这件事本身，便足以引起我们对战后国语学、日语学特征的思考。
② 白藤礼幸、杉浦克己『国語学概論』（《国语学概论》），放送大学教材，放送大学教育振兴会，1998 年。

代国语学、日语学的日语观,一种在我们身边司空见惯的日语观。于是,排斥比较语言学的视角,从正视"国语的事实"出发的时枝国语学就成为与现代国语学互为异质的具有语言自我认同感的国语学。

时枝诚记在语言观上的自我认同与日语书面语的成立密切相关。他强调汉字、汉语的影响,这在时枝看来是理所当然的视角。① 前文已论及,时枝认为《古事记》、祝词、宣命等国语记录法的诞生,发生在以汉文为正统书写方式的国语的坍溃过程之中。国语的坍溃过程同时意味着以汉文训读法为依据、由汉字促成的国语书写规则的成立过程。观察这一国语书面语成立过程的时枝,其视线的路径大概首先是汉文训读文,然后才是作为汉字假名混合文的书面语言日语的成立。那么,这一国语通史视野下的国语学如何能够成立呢?② 时枝国语学创建的难点与特异性即在于此。时枝语言过程说

---

① 为了将本来应有的"由汉字书写的日语"的视角从国语学的认识中排斥出来,国学学者首先有必要假设和汉字、汉语原本无缘的固有日语人种的存在。其中具有代表性的就是前文注释中白藤礼幸等人在『国語学概論』中反复强调的言论——虽然无邪,却又罪孽深重。"确实从文字开始,日语中也导入汉语等语汇,但那主要是通过佛教和汉学以及政治,可以说多数日本人几乎没有直接接触外来语言。像这样,日本人既未能特别意识到,也未能相对地捕捉到从外来语言当中产生的自己的语言。他们自己的语言就是唯一绝对的存在。"如此看来,白藤等现代国语学学者不仅反对时枝诚记,甚至也反对山田孝雄,他们试图主张绝对的固有语言日语。

② 时枝诚记之后谈及该课题,"日本从地理文化的关系中,大量摄取和日语性质完全不同的中国语言的要素,逐渐形成了今天的国语。如何将这一事实在国学学中进行定位,是当下国语学亟待研究的重要任务"。引自『現代の国語学』第二部第一章第四节「言語過程説の基本的な考え方とその研究課題」(《语言过程说的基本思考方法与研究课题》),有精堂,1956年。

所做的语言论考察，正是回应该国语学课题不可或缺的基础作业。

九　时枝诚记国语学的成立

时枝诚记说："语言作为人类表达理解的过程性事实而成立，这样的观点得益于古代日本国语研究给出的暗示。"① 对语言过程说给予暗示的国语学史上的事实，首先指的是国文使用汉字的书写方式。时枝称，若不是将汉字置于语言表达（理解）中的一个过程，就难以判断文章中使用的汉字是正训、义训、真名假名、和训假名的区别。某一语句是用汉字，还是假名，抑或用正训的汉字或义训的汉字书写，这些用字法的区别，只能通过语言主体具有书写习惯与意图的表达行为这一语言过程来理解。在这里，汉字、与汉字混合书写的语言需要新的语言理解方式。正如时枝所说，"将语言视作表达理解的过程性行为时，通过使用表达的介质——声音或文字，就会形成'说的语言'或'写的语言'。当将声音或文字理解为介质时，它们就会变成'听的语言'或'读的语言'"②。时枝用语言过程去理解语言，能够将文字语言与声音语言一同作为正当的考察对象，是由于上述具有国语学史意义的事实促成了这种全新的语言理解方式。可以说，日语中的汉字假名混合文，在时枝这里才最终促成了站在反省语言学立场上的国语学的形成。

---

① 前引时枝诚记『現代の国語学』第二部第一章第三节「言語過程説と国語学史」（《语言过程说与国语学史》）。
② 前引时枝诚记『現代の国語学』第二部第二章第三节「音声言語と文字言語」（《声音语言与文字语言》）。

时枝诚记进而举出了一个国语学史上促成其作为过程构造的语言理解的事实。在铃木朗的语言理解体系中，词被分为"词"（词或词语）与"辞"（辞或助词、助动词、语尾活用、接辞等）两部分。"词"被称为"所指"，"辞"则被解释为"心声"。时枝则使用作为表达过程的词所具有的相位之差去理解"词"与"辞"，用有相位差的词语之间的关系构造去构建日语语法理论。铃木"将辞或助词、助动词、语尾活用、接辞等（辞）与其他词语（词）的关系理解为包含与被包含的关系，用意向作用与意向对象的关系去解释二者的关系，并通过厘清这些语句在结构上的不同构建语法研究的基础理论"[①]。正如他自己所说的那样，近代国语学史围绕"辞或助词、助动词、语尾活用、接辞等"或"词"与"辞"展开的语法研究，可以说对时枝的语法论具有决定性的意义。

如此看来，也可以说时枝诚记的国语学是建立在反省日语语言学、将汉字、汉文视为构成自身重要契机的日语语言学立场的一种自我认知学。不同质的语言文字汉字介入本国语言的结构，因正视这一语言事实而产生的国语学，从其发端便具有异端性，在这个意义上，时枝的国语学与20世纪三四十年代相继成立的西田（几多郎）与田边（元）哲学、和辻（哲郎）伦理学、柳田（国男）民俗学等，大都可以视为日本的自我认知学吧。这一时期，以批判强调普遍性的欧洲现代诸学问为旨趣的学术志向，通过穷极自我认同，以学术表达自我。这一时期的诸多学问都或多或少具有与"现代的超克"对现代性的超越与克服共通的志向。具有现代的超克志向的

[①] 前引时枝诚记『国語学史』第一期「元禄期以前」（《元禄时代以前》）。引文中括号内的说明为子安宣邦注。

诸种学问，以强烈的他者性去认识现代欧洲成立的各学科。如唯我论的哲学、个人主义的伦理学、由旅人的外部观察所构成的民族志、印欧语系的比较语言学、结构主义的语言学等。在这一时期，形成现代日本学术的诸种学问，均试图通过日本或东洋的自我认知完成批判式的超越。同样，在强烈的他者性下，时枝国语学所关注的正是欧洲的现代语言学。前文我详细探讨过时枝如何以索绪尔语言学为批判性的他者而重构、演绎自身的语言学。[①] 这里，与正视"国语的事实"，施展国语学的抱负相对峙的，正是作为批判性他者的欧洲比较语言学。以欧洲语言学为批判的他者所形成的国语学，它的立场并非站在与外来语言汉字汉文相对的日本民族语言国语的意识之上，它将汉字、文作为不可回避的表达媒介，使之内化，并将日语表述为具有日语性格的语言。作为这一国语学研究对象的日语，已不存在他者性的契机。在日本民族语言日语的存立方式上，无法对外来语言中文的影响视而不见，以关注这一事实为起点的时枝国语学，在它的记述中却丧失了他者性的契机，它围绕日本民族语言日语的过程构造所展开的形式特质的理论建构，应该说是时枝的语法之学。

将具有"日语性格的语言"的语言学对象，从对时枝诚记国语学几乎漠不关心的当代日语学中解放出来的，恰好正是时枝国语学自身。时枝国语学将"国语"概念从实体性的根基中剥离出来，发现了所谓具有"日语性格的语言"，这难道不是它对日语学的馈赠吗？

---

① 参阅本书第五章。

代后记
汉字论的视角

一

我并非很早以前就想到以汉字论的视角来思考日语与日本文化。因为，长久以来我一直按照习以为常的观点去看待日语的书写问题，将汉字的使用看作语言书写上再自然不过的事情，忽视了在日本人自我认知过程中汉字问题的重要性。

我习以为常的，是一直以来赋予汉字的语言异质性，但对异质语言中文文字的特点却浑然不察。一方面，这种错觉既有与使用汉字、汉语的中国具共通性这一前提，也意味着我漠然地认同了日本人与中国人之间极易相互理解的可能性，在我的潜意识里一直有因共有汉字而产生的中日同文同种的幻觉。然而，另一方面，我又因汉字、汉语诞生于中国而具有的异质语言的特性，在一定程度上理解那些非难"汉字、汉文的极端影响所造成的汉语的横行"，并提倡"国语整序"，赞同在日语中整合汉字的国语学学者们的主张。围绕汉字正反相对的两种意见，实际是站在相融立场上的见解，带有对日语中作为不同语言要素的汉字、汉文同时具有的认同与抵抗的矛盾情感。然而，双方又都给汉字、汉语贴上了来自中文的异质语言的标签。

这种对汉字司空见惯的看法，是给日语中的汉字贴上异质语言的标签，却又对由此所引发的问题一直茫然不觉。而我对该问题有所察觉则缘于在台湾召开的一次学术研讨会。大约在1997年，台湾的一个研究院举办了一场以日本的现当代儒学为主题的研讨会，我在作大会报告时不禁意识到了这一点。

二

在那次研讨会上，我原本计划的报告题目是《近现代日本的"儒学"表象》[①]。在提交日文论文后，提请主办方安排了中文翻译。当我抵达台北看到译稿时产生了极大的困惑，因为论文中一些重要的关键性概念、术语的翻译与原词有很大出入。如论文题目中的"表象""自明性""語り"[②]。"語り"可以另当别论，我原本以为诸如"表象""自明性"等汉语语义可以使用日文原词进行对译。但台湾研究者却对我说，如果使用原词恐怕会招致理解上的困难。最初，我并未意识到它意味着什么，我只是一味地认为"表象""自明性"是日语中来源于中文的汉字，自然可以直接用中文来表述。

研讨会上，在我作报告之后，提议就自己遇到的中日翻译问题进行讨论。这次讨论使我发现了几个重大问题，获益不少。首先，与会者谈到，"表象""自明性""語り"等词是日语对欧美词语的译词。确实，在 representation、self-evidence、narrative 几个词的语义背后，是以欧美语义，即所谓的译词被大家理解和使用的。这使我重新认识到我们使用的众多汉语词的语义，特别是学术理论上使

[①] 日文原文题目为『近代日本の「儒教」の表象』。——译注
[②] 常见的中日辞典会将这个词翻译为：讲述、谈、讲谈、道白、梗概、解说等几个意思。这里可以理解为讲述、叙述、描述、叙事等。——译注

用的汉语词的语义，几乎都是来自欧美的日语译词。进一步思考后我感到，作为译词的汉语词义均是在某一时代、某一社会性范畴内，在人们共通的理解下被使用的。如此一来，我就不会像当初一样觉得"表象""自明性"等词可以在中文里直接使用了。我在未意识到这些词义是日语译词的情况下，盲目地相信了汉字、汉语在中日两种语言上存在共通性，才会强调这些词义在中文里的直译。如今想来，不能说我的主张里没有欧美人将自己的概念术语直接带入其他语言世界的那种文化帝国主义的语言意识。一直以来，日语将汉字贴上来自中文的异质语言标签，这种先入为主的观点使我们变得难以认识到很多悄然以我们身边的语言为前提的事态，或潜藏在我们语言意识中的许多其他问题。

　　台湾研讨会的经验又告诉我，日语和中文之间的翻译转换同日语到英语的翻译在本质上是没有差别的。它使我相信，两种语言共有的汉字与汉语词汇使两者间的翻译——与其说是翻译，毋庸说是使一方向另一方的便捷化语言转换成为可能。一旦将汉字视为来自中文的不同语言文字，便会使日文与中文彼此之间的语言的他者性变得模糊不清。将中文的汉字加以训读，却又不认为训读方式是一种日文翻译，导致这种结果的大概是这一互为表里的现象吧。在我们的学术表达中使用的"表象"一词，实际是日语使用汉语词对 vorstellung、representation 的翻译。故而，即便词语由汉字构成，用汉字的发音来读，它也仍然是作为译词的日语词。若能认识到这一点，在中日辞典中即便存在古典汉语的词语"表象"，也不可能直接将之切换到当代中文。荻生徂徕很久以前便下过定论，日本人若将中国的"诗书礼乐"以汉文训读体去读，实际上，它就已经成为日本的"诗书礼乐"。

三

　　本居宣长的《〈古事记〉传》是让我意识到以汉字为视角思考日语问题重要性的另一个契机，但我也并非一开始便认识到了这一点。众所周知，《古事记》文本是由汉字、汉文书写而成的。一般推测，这里的汉文表记以变体汉文，即训读成日语风格的汉文为前提写成。宣长试图按照编纂者太安万侣当时对《古事记》文本的汉字、汉文表记，尽力忠实地再现古语的意图，用古语"和语"的文章对《古事记》本文作训。于是，《〈古事记〉传》成为一部为证明可以使用古语"和语"对《古事记》的汉文文本加以训读而提供根据、方法及证据，继而逐词注释的结构严密、体量庞大的著作。由于《〈古事记〉传》颇具权威，宣长的注释学本身也被赞誉为旁人难以比拟的学术成就，逐渐走向神圣化。

　　《〈古事记〉传》被神圣化的同时，努力要从《古事记》文本中读出古语"和语"的注释者们的姿态及其学术程序也被神圣化了。为此，从《古事记》的汉字、汉文文献中到底能否训读出日语的古语"和语"，这一本质的问题变成了一个难以言明的问题。可以说，龟井孝虽然很早便提出"古事记"是否可读这一本质问题，但是，包括我本人，几乎所有本居宣长的研究者都不假思索地盛赞"古言＝事"为忠实的注释者及其注释工作的硕果。这也意味着我们不曾对从《古事记》汉字、汉文文本训读出古语"和语"产生任何本质性的质疑。同时，这大概也意味着我们从未意识到《古事记》文本由汉字、汉文构成的重要性吧。在上一段起始处之所以对"《古事记》由汉字、汉文书写而成"是"众所周知的"标注了加重符号，我就是想提醒各位，即便这个由汉字、汉文构成的事实被大家公认，也未必意味着它的重要性被察觉。

本居宣长认为自己的注释是"古训《古事记》"的正统，并将《古事记》文本的训注公之于世，而我之所以对该训注产生怀疑，主要是通过我称为"言说论回转"的思想史方法论的转换。或许应该说，我在思想史方法上的转换与我对宣长关于《〈古事记〉传》读法的认识的转换是同步的。"日语"或"和语"等具有统一性的语言概念本身就是理论上的构成要素，当我抱持这种观点的时候，宣长对《古事记》的注释工作本身也就成为一种创建古"和语"的工作。于是，自然便会产生对宣长从《古事记》汉字、汉文文本训读出"和语"这种注释学工作本身的追问。从汉字、汉文的文本中何以能够训读出"和语"？若可以，应该如何认识汉字、汉文的文本呢？

　就我对《〈古事记〉传》的疑问与重读，大家可以参阅《本居宣长》（岩波现代文库）或本书的第二章。这里，我只想再次强调通过这一疑问所厘清的宣长的汉字观。因为正是这一汉字观决定了后世日本人对汉字的看法。

四

　本居宣长用古"和语"对《古事记》文本进行训读，首先要假定汉字、汉文文本背后存在古"和语"构成的口诵传承。宣长等人认为不仅《古事记》这样的变体汉文体的表记法中记录着古语，而且保留口诵形式的"祝词""宣命"也被文本化了。那么，如何从汉字、汉文的文本中训读出隐藏在它背后的口诵的古"和语"呢？

　本居宣长将《古事记》卷首第一句"天地初发之时"训读为"あめつちのはじめのとき"。但据说最初宣长坚信"天地"应与古言"あめくに"对应，因为遵循其师贺茂真渊的万叶古歌之训，才将之订正为"あめつち"。将"天地"训读为"あめつち"的程序是这样的。首先的问题是古语"あめつち"的意思。这里的"意思"并不是说"あめつち"这个词指代什么，而是说"あめつち"这个词本来应该表示什么意思。让我们回到《〈古事记〉传》卷三的卷首来考察宣长对"天地"的注释。

  天地乃阿米都知之汉字，天即阿米。阿米之名其义不甚了了。本来诸言释其本义云甚难解之词，若勉强解之，必为僻说。（"天地"乃"あめつち"之汉字。故"天"为"あめ"。然"あめ"之义尚不得解。本来诸种语言解其原本意义甚难，强求必出曲解。）

这段注释文堪称奇妙。它称汉字书写的"天地"应训读为"あめつち"。此时，"天地"为"あめつち"的汉字，于是，"天地"就成为为书写古语"あめつち"而存在的汉字。这段言辞不免显示出某种执拗。"天"是"あめ"的汉字表记。于是，古语"あめ"被"天"这个汉字所书写，但是，为何古语是"あめ"呢？本居宣长称自己也不太清楚"あめ"原本的意思。

本居宣长这句"阿米之名其义不甚了了"向世人展现了作为注释学者对臆测的克制及严谨精密的态度。然而，这句注解何尝不是一种为了排除汉字"天"对"あめ"的意义的解释性入侵的策略呢？"天地"是为书写古语"あめつち"而使用的汉字，这种偏执似乎在试图遮断必须使用汉语"天地"把握古语"あめつち"之意的过程，即规避汉字在解释上发挥的作用。如果必须使用汉字"天"解释古语"あめ"的意思，那么，"あめ"是什么呢？宣长说他还想不明白"あめ"的意思。排除了汉字"天","あめ"的意思便随之成为空白。我似乎想象不出比"奇妙"更恰当的词来评价这个注释了。在"かみ"一词上同样也发生了类似的意义空白。排除汉字"神"之后,"かみ"也变得语义未详。不过这里清晰地体现出一种汉字观,即汉字只被当作古"和语"的表记手段,仅仅被日本作为一种表记手段所吸收。汉字是借来一用的,在借方这里,早有超凡脱俗存立于世的"和语"。宣长注释文的奇妙之处便在于在排除汉字的同时,在排除的空白中创造性地推出了"和语"。

太安万侣在卷首写下"天地初发之时"的时候,大概已经认识到自己已自思想深处接受了汉语的"天地"以及中国关于天地的宇宙论,不然也不会产生神话宇宙论或宇宙生成论的叙事了。汉语"天地"之所以在古代日本的语言表记中存在,原因即在于此。所以,汉字"天地"不仅是古代日本"あめつち"的一种表记方式。然而,本居宣长却试图通过视汉字为古语"天地"的表记手段,即借字(假字、假名),将汉字、汉语的世界观从神话的表记体系中整体清除。对宣长而言,作为古学的方法和思想前提而得到强调的"汉意"批判,实际是出自从古记录文本中排除汉字、汉语的世界观。汉字作为"异国"之文字,不能在"和语"的意义体系中留下投影,因为汉字对"和语"而言,是一位来自异乡的异质者。

五.

本居宣长的《〈古事记〉传》给后世的汉字观以决定性影响的,便是视汉字为借物的观念。将汉字视为借物,是以语言的自我认同为前提的。在这种认识面前,汉字是完全的异质者。日语(国语)

是独立的、自成一体的语言，明确持有这种日语（国语）观的现代国语学学者们因此强烈地支持上述汉字观。何况，现代日本的国语学学者已在比较语言学层面上确认中文与日语属于不同的语言，对他们而言，汉字的语言异质性已然成为其国语意识的前提。

如本书第一章所述，山田孝雄这位著名的国语学学者第一次系统地将研究的目光投向国语中的汉语。众所周知，他亲自将自己划定在国学学者的谱系之中，但这并不意味着因此就应将他视为身处现代国语学学者之外。不论在面对一国之语言——国语表现出的满腔热忱，还是在构建日本语法理论的现代语言学的方法上，山田都居于日本现代国语学学者的正统位置。山田这样阐述自己关于汉语研究的意义与目的，"了解国语中导入汉语以及汉语的国语化、汉语对国语的影响，同时吾人还应对此进行反向思考，了解汉语未能侵入国语的势力范围，以此确认哪里是国语生命的归宿，再通过以上的种种研究，间接确认国语的本质"。在山田的国语意识里，汉语是来自外部的侵入者。汉语必须被视为外来者，即外来语。山田曾说："毋庸多论，汉语与外来语无异，不应将之当作纯粹的国语来看待。"将汉语视为外来语这一点，已使山田在自己一方设置不含有一丝异质性的"纯粹的国语"的论调变得异常清晰了。为了使之更加明确，山田继而说道："外来语的称谓，必然反映出这样一种观念，即本国语言已然存在，只是在其中混入来自外国的语言。"

将汉字、汉语视为外来者，等于在自己一方预设作为接受者的固有语言的存在。并且，在将外来者视为异质者时，在自己一方构建的便是语言的纯粹的自我同一性。虽然我称本居宣长的《〈古事记〉传》试图整体排除汉字带来的影响，这是这一注释的奇特之处，但不得不承认，由于外来性，汉字、汉语被作为异质者排除在国语之外，持有同种观点的国语学学者们构建的"纯粹的国语"的概念亦堪称奇特。但并非只有国学的现代继承者山田孝雄持有"纯粹的国语"的概念。"对我们日本人来讲，日语是诞生在其中，又在其中成熟演化的语言，它构成了我们的意识形态。"这种具有朴素的语言意识形态的日语，同国语拥有共通的概念。主张这一朴素的语言意识形态的是当代国语学学者，所以在他们编纂的通用《国语学概论》（前引白藤礼幸、杉浦克己编著版本）中自然会描绘出这样一种日语像。

> 古代无文字的日语因从中国引入文字而开始了书写活动。自此，它便一直受到中文，诸如文字、汉字音、借用汉语等影响，但只要剔除这些影响，便可以描绘出日语本来的姿态。

六

将汉字打上外来标签并以语言的异质性去认识它，这种观点不仅被具有强烈国语意识的现代国语学学者继承，也被许多日本人接纳。作为一种司空见惯的观念，我以前也有。前文已做过详细的论述，对日语中不同语言的文字——汉字所持有的一贯看法，构成了国学学者或现代国语学学者排他性的日语意识与语言的自我认同。

但是，对日本而言，汉字的影响不仅是日本自己选择的结果。于东亚各国而言，中国一直是被给予的存在，是文明的优越者。于是，汉字成为东亚诸国不得不接受的来自优越者的文明馈赠。然而，馈赠之物既是中华帝国给予周边诸地域的文明恩惠，同时又是带来文化约束且具有双重制约性的"锁链"。日本的文化、语言的自我认同也在不得已接受、吸收这一馈赠的过程中,伴随着抵抗与反弹而建立起来。只是,伴随着对异质性他者的排外性反弹而形成的现代的自我,以批判分析现代日本的视角构建了另一个作为潜在自我意识的自我。这是一个一直以来承受着文化强者留下的那些挥之不去的自卑心理的自我,一个如果失去作为文化强者的异质性的他者,便难以形成自身的文化和语言的自我,一个没有任何余地且不得不以他者为前提,或物化自己之所有的自我。批判性地重构自我,这也是日本精神分析的视角。国语学学者们让定义在现代语言中的自我认同在历史中找到恰当的位置,作为国语意识得到重构。日本精神分析的视角同样还将语言的自我认同以及日本文化潜移默化地定格在历史的自我意识之中。通过这种日本精神分析的视角,汉字成为日本人文化心理中由强者留下的一种挥之不去、无法忘却的心理创伤。然而,由日本精神分析的视角所发现的语言的自我认同与国语学学者所发现和分析的,均不过是现代的语言的自我意识。对这一语言的自我认同而言,汉字便经常是肩负异质性的他者。现代国语学学者一边对异质性的他者——汉字加以抵制,一边在汉字影响的历史基底中幻想并编绘着固有语言的存在。与此相伴,日本精神分析家们则使语言的自我认同中缘于异质性他者——汉字的心理创伤潜入历史,成为文化心理的规制因子,去完成日本语言文化论的塑造与建构。

  不过,把来自外部、具有外部性的汉字仅仅视为异质性的他者只能得到故步自封的自我。从日本精神分析立场构建的日本语言文化论出发,会发出与丸山真男历史意识"古层论"同样封闭的内部性回响,便缘于此。我们现在应该将汉字视为自身语言发展上不可回避的他者。任何自然的语言都不可能在离开其他语言的前提下成为纯粹的自己。纯粹的语言是比较语言学上构成"祖语"的人工语言学的抽象体。汉字既不是为排他地创造自我而存在的异质性他者，也不是接受者的语言自我认同的心理创伤中阴魂不散的异质性他者，而是日语成立与发展上无法回避的他者。汉字对日语而言是不可回避的他者，是使日语自身不断向外部拓展的语言契机意义上的他者。

※

从台湾的学术研讨会归国不久，我开始构想这部《汉字论》的写作。1998年秋，我向时任《思想》（岩波书店）杂志主编的小岛洁先生谈了自己的构想。于是，从首篇的《何为"汉语"》（1999年5月）开始，《汉字论》便陆续地刊登在《思想》杂志上。终结篇《汉字与"国语的事实"》刊登在已故内藤裕治先生主编的《批评空间》上，当时是2002年4月。大约是2002年年底我写好本书的终章《汉字及固有语言的自我认同》并交付给现任《思想》杂志主编押田连先生。最初，虽然我的汉字观里明确持有"不可回避的他者"这一视角，但是，四年以来如何以批判的眼光构建《汉字论》，对我仍然是一个苦苦摸索的过程。在此，衷心地感谢支撑我走过这一历程并使本书得以付梓的岩波书店的小岛先生、押田先生。同时，也向《汉字论》执笔过程中，在国语学、语言学上不断给予我知识补充和有益建言的宫川康子、山东功二君致以诚挚的感谢。

子安宣邦
2003年4月7日

译后记

子安宣邦先生是日本著名的思想史研究专家，他关于日本近现代思想史的颠覆性研究及现代性批判，影响遍及日本和日本之外的东亚其他地区。《汉字论》秉承作者一贯的批判立场，从日本人的意识深层来思考日语中的汉字这一他者对于日本文化的意义，是一种典型的后现代语境中的思想史考察。

本居宣长的《〈古事记〉传》将《古事记》中的变体汉文（训读汉文）视为日本固有的古语，通过在观念上排除古语中的"汉意"，构筑起"纯粹的日语"，深刻影响了日本后世近两百年的汉字观。这种汉字观能够确立起来，是将汉字视为表达语言（声音）的符号和借来之物所致。有趣的是，曾打开日本世界地理视野的同时代人新井白石，也发出过对西洋文字简便性的艳羡之语。如果说这是在江户时代伴随民族意识的萌芽和新世界观的崛起，试图从文字的角度展开的自我认同，那么至明治维新时期利用西洋学说建构的种种具有开创性的语言学言说，则与民族国家、殖民帝国语言的意识形态如影随形。但无论这些言说的潜在目的何在，汉字是兼具形、声、义三种功能的文字，它在转变为日本文字时实际仍是一种书写语言，在日语中的表意成分远远高于其表音性，直至明治时代以来的"言文一致"运动，和汉混合文才成为一种稳定的表达口语的文体。

子安宣邦先生在《汉字论》中恪守批判的立场，从思想史的内部对上述历史转折时期的言说进行解构，反思在汉文化影响下日本建立统一政权以来，被隐藏在日本汉字观中的种种竭力发现日本文化独立性的努力。不论是《古事记传》通过排除"汉意"而使所谓未被污染的"纯粹大和魂"浮出表面的训读意识形态，还是古学派在训读意识形态的延长线上以固有心性实现儒学日本化的主张，抑或是现代日本在西方学科框架内构筑新的国民道德伦理规范，或套用西方语音中心主义的语言学，来建构作为民族国家语言的"国语"，都隐含着回避汉字这一他者的"苦心"，这一切正是本书试图揭示的历史语境，并以此反复强调汉字及它承载的思想内涵作为"不可回避的他者"对于日本文化的重要性。虽然时枝诚记否定国学学者们一贯持有的汉字借物观，并以直面汉字的态度建立起超越"国语"主体性的语言学说，但服务于帝国殖民地文字教育的汉字意识形态，同样成为本书批判反思的对象。与此同时，本书的字里行间还折射出隐匿、潜伏在权力湍流下的文字的意义。

以"伦理"一词为例，它虽然是将西方术语导入并获得新生的古典词，但仅以汉字的表意性及其意义的连续构成的对译词，非但不可能等同于原有的西方概念，反而会形成对西方概念的抵御。和辻哲郎正是通过解释学的阐释，重建了国家意识形态的"伦理"概念。因此，汉字不仅是西方现代价值与日本传统价值的转化"装置"，它也在转换过程中赋予自身以新意。在这一层面上，现代和制汉语中存在"西方意义"与"汉意"的双重他者性。同理，晚近中国通过西学东渐、"东来东往"与本土化的整合而产生的现代译词，也构筑起新的话语体系，它们同样是他者与自身双向介入和复杂互动的结果，包含"西方""日本"等多重他者的意义。

不论是发生在一千多年中的汉语的和化，还是自近现代开始的和制汉语的中国化，其本质都是以汉字为媒介的思想的传播及再生。自我认同与他者意识并不必然互相冲突，也未必非要在相互观照中才能找到各自的一席之地，子安宣邦先生以他者为参照系的视角和方法论，不仅对中国读者重新审视中国与日本的过去、当下和未来具有重要的参考价值，同时也让我们再次感受到汉字的包容性与活力。

2019年，子安宣邦先生应邀参加北京大学"传统与变革：转型期的东亚社会"论坛，他虽已八十六岁高龄，满头染霜却神采奕奕——这是我第一次见到子安先生。他作了三个多小时关于"日本现代化的再思考"的发言，其思维的敏捷、逻辑的严密，不由得令人满怀钦佩和敬意。

翻译子安先生的著作于我是莫大的荣幸，同时更是一项艰辛的挑战。不过，在细读著作的过程中那丝丝入扣的逻辑阐释和严谨的学术考证也使我收获颇丰，并使我重新思考汉字及翻译行为承载的意义。在此，对北京三联书店李静韬女士的宝贵建议谨致谢忱。翻译中难免出现不足乃至谬误，还望各位方家批评、指正。

顾　春

2021年6月28日